熱く冷静に、燃えながら冷静に

高校バレーきっての智将が明かす育成と組織術

著　相原 昇
大分 東九州龍谷高等学校
女子バレーボール部監督

ベースボール・マガジン社

私はバレーボール関連の本を読まないし、
強豪チームの監督の考え方や練習をまねするようなこともありません。
一度のバレーボール人生、自分の考えたバレーボールを追求して戦う
『オリジナルの追求』、そのことだけを考えてきました。

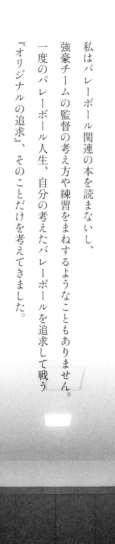

はじめに

バレーボール人生の集大成が始まる

自分自身を自己分析すると、私は『育成のプロフェッショナル』だと思っています。指導者としては、東九州龍谷高校（東龍）女子バレーボール部の監督を務めてきた14年間で、高校バレーボール3大大会と呼ばれる『春の高校バレー（全日本バレーボール高等学校選手権大会）』『インターハイ（全国高校総体）』『国体（国民体育大会）』で12度の日本一を経験することができました。

またこれまでの教え子には、日本トップリーグのVリーグで活躍している選手が多く、オリンピアンになった選手もいます。

私自身、世代別日本代表の監督に就任し、2007年のアジアユース選手権大会と2008年のアジアジュニア選手権で優勝。2019年にはU-20女子世界選手権で世界一になり、その年のアジア選手権ではシニア世代の大会でU－23のメンバーを率いてアジア王者にもなりました。

育成年代であっても、当時は勝つことが求められていたし、当然、選手にも勝利を求めていました。「育成年代は勝利を最優先しなくてもいい」との意見もあります。もちろん、勝利が全てではありません。勝って自信を得て、負けて悔しさをバネにして飛躍すればいいとは思います。ただ、勝つことへの執念がなくなったら指導者として、監督としては終わりだと思います。

これらの考えについては、選手のときも指導者になってからも日本やアジア、世界の頂点に立ったからよく理解しているつもりです。優勝したときに見える景色を知っているかどうかが、のちにものを言います。優勝経験のある選手にはそれだけの価値が生まれ、その手応えがあるから高い壁があっても挑戦しようと思う意識が生まれます。ビビらないで大勝負を楽しめるのです。

だから、今も勝つことにこだわっています。どうすれば勝てるのかを常に考えています。試合においてはローテーション、メンバーチェンジなど全てのシチュエーションを考え、相手チームを研究します。自チームにおいてはケガや突発的なアクシデントが起きないように注意を払い、万全の状態で試合に臨めるように備えています。勝利に偶然などないからです。

今でこそ「誰がどのローテーションで活躍し、どのローテーションが弱いのか」「スパイクやサーブのコースを選手別やローテーション別に分析する」といったことは、ナショナルチームはもちろん、クラブチームでも活用していますが、30年前からスカウティングの重要性を感じていましたし、理論は理解していました。

ただ、データを活用しても、それだけでは勝てないことも知っています。勝負師としての勘も必要なのです。試合までの過程や会場の雰囲気、選手の精神状態も加味して戦い方を考えなければいけません。そして、立ち向かう心、諦めない心が最も重要なのです。

選手の特徴を生かし、どれだけ成功体験を重ね、自信をつけさせることができるか。勝つことによって選手のその先の成長に、どのようにつながるかも考えてきました。『勝つから育つし、育つから勝つ』。50歳を過ぎて指導に余裕が出てきて、確信したことがあります。選手の育成と勝利の追求は別ものではありません。

私は現役選手のころから、勝つために必要なことを考えるのが好きでしたし、バレーボールを教えることも好きでした。そのため、選手として競技を続けながら指導者を志したのです。若いころは自分のバレーボールを追求しました。考えて、考えて、考え尽くして自分で実践する。成功も失敗も全てが教材となり、そのおかげで選手に落とし込むことができました。

バレーボール関連の本は読まないし、強いチームの監督の考え方や練習をまねするようなこともありません。これまで『オリジナルを追求する』ことだけを考えて、バレーボール人生を歩んできました。

私をよく知る人はこう言います。「相原は1日24時間、バレーボールのことを考えている」と。その通りなのです。私は『バレーボール中毒』。バレーボールのない人生なんて考えられません。

バレーボールのことを考え、追求したからこそ、東京2020オリンピックでは、女子日本代表のコーチとして大舞台を経験させてもらいました。人生の1つの区切りとしていた自国開催のオリンピックを終え、指導者として多くの実績を積み、残りの指導者としての人生を考えたときに、何をしたいか、何をするべきかを考えました。

そんなときに東龍の梅高賢正理事長から「学校に戻ってきてほしい」という話をいただきました。「もう一度、強い東龍バレーを見せてほしい。世界に羽ばたく選手を育ててほしい」と言われて震えました。自分の力を最大限に発揮できる場所は東龍しかない、そう思いました。そして、信条としている『愛と正義と熱量』が体中に沸き立ちました。だから迷うことはありませんでした。東龍で動けなくなるまでバレーボールを教えたいと思いました。

高校の一教師がオリンピックの日本代表コーチになり、もう一度、高校に戻って監督として指導しているのだから人生は面白いものです。私のバレーボール人生はいろいろな方と出会い、縁のつながりでここまで来ました。関わった全ての方々に感謝しています。義理と人情はこれからも大切にしていきたいです。

周りの人には日本代表の監督を目指すべきだったとか、Vリーグで監督をすることも勧められたりもしました。地位と名誉を追いかけたら、それらを目指すべきなのだろうけど、そんなものより『自分のバレーボール哲学』をもう一度、実践したいと思いました。私からバレーボールを教わりたい、そう言って東龍に来てくれる選手をうまくしたいという思いが強かったのです。

それは女子日本代表のコーチをしていたときに、特にそう思いました。技術があり、自分の信念、価値観を持った「大人の選手」を率いて、世界を目指すバレーボールに魅力を感じつつ、一方で限界を感じたのも事実です。

代表チームは才能のかたまりで、そこまでの選手になると人に教わってうまくなることは多くありません。そんな自立した選手は、力を引き出し、チームとしてやることを明確にして、気持ちよくプレーさせれば乗ってきます。指導陣に必要なのは戦略でありモチベーターの資質です。実際に私も選手の力を引き出す言葉をかけ続けました。

しかし本気で世界と戦うためには、これまで以上に個人の能力で戦える選手を育てなければトップに立てないと率直に思いました。そのためには技術向上は当然ですが、メンタルの強さや日本人が得意とするプレーの正確性、チーム内での規律を持った選手を育てなければいけないと痛感しました。

それには高校年代の育成が最も重要だと、そういう考えに行き着いたのです。世界で通用する選手を育てる。そこに大きな魅力を感じたし、今まで私はそうやってバレーボールと関わってきた自負があります。

これまでの実績を捨てて、全てをリセットして、ゼロからスタートしようと思いました。それが東龍に戻った大きな理由です。過去の栄光にすがることなんてない。これまで幾度とターニングポイントがありましたが、今回も大きな転機の1つになりました。ここから『バレーボール人生の集大成』が始まると思っています。

新たなスタートを切る前に、経験に基づいた指導論や教育論など、相原昇のバレーボール哲学を全てリニューアルし、アウトプットしてみたいと思います。

目次

第2章
良い指導とはどういうものか？
勝つための指導には何が必要なのか？

第3章 私が考える指導者が持つべき資質

第4章 バレーボール、そして指導者としての源流を探る

第1章

東龍バレーの真髄とは？日本一に12度輝いた理由

大木正彦先生との出会いと誘い

日本体育大学を卒業して、体育コースのある香川県立高松北高校で教員となりバレーボールを指導して12年間、とにかく突っ走りました。毎日朝練をして、放課後も時間がある限り練習をしました。自分自身が香川県の国体成年男子の選手としてプレーしていたこともあり、選手に見本を見せることもできたし、一緒になって練習をしました。本当にあのころは若かったと思います。

情熱を持って一生懸命にバレーボールに打ち込み、学校や周りの支えもあって毎年インターハイや春の高校バレーに出場できるようになりました。このころの自分を振り返ると、毎日のようにバレーボールを研究して、自分なりの哲学を確立しようとしていた時期だったのかもしれません。徐々に結果が出始めて、全国大会で上位まで行けた年もありました。

ただ、どうしても日本一には届きませんでした。悩んでいたときに高松北高校が中高一貫校になることが決まり、体育コースが廃止となりました。その時点で必然的にバレーボール部の強化は無理だと分かりました。私の日本一への挑戦はここまでかと思っていたときに、東九州龍谷高校（東龍）の監督、大木正彦先生から「相原くんが東龍にきたら何回、日本一になるか分からないよ」と、お誘いをいただきました。

やはり東龍バレーを語る上で絶対に欠かせないのが大木先生の存在です。１９８７年に高校3冠を達成し、東龍の歴史を築いた監督です。春の高校バレーの歴史の中でただ1人、大分県立中津南高校と東龍の２つの高校を優勝に導いた監督。そんな高校バレーボール界の重鎮が、つい先ごろ、２０２２年11月27日にお亡くなりになりました。バレーボール界にとっても私にとっても、大きな存在がいなくなり、本当に残念でなりません。

大木先生との出会いは私の人生の中で本当に大きな財産です。常に堂々としていて監督というのはこういう雰囲気だ、監督というのはこういう人間だと示してくれました。大木先生とは、実業団チームの強化合宿に参加したときに一緒になることがありました。そのときに、日本のバレーボール界全体について語り合いました。どんなプレーをしたらいいのか、どんなスタイルがいいのか、どんな指導をしたらいいのか、どんな練習方法であれば世界と戦っていけるのか。そんなことを夜な夜な話していたことを思い出します。

大木先生は、お年を召していたので後継者を探していたのだと思います。「俺の後をやらないか。君の一途なパワー、勝ちたいという思いは多くの監督の中でも群を抜いている。負けたくないという思いが選手に伝わる。それは試合を見れば分かるよ」と言われ、東龍で日本一を目指したいという思いが強くなりました。

東龍であればバレーボールに全てを注ぎ込むことができます。東京を離れて香川で教員になったときのように、もう一度知らない土地で自分の力を試したい。そんな『開拓者精神』に火がつき、東龍に行くことに決めました。

吠えて鼓舞する、そして褒めて乗せる

大分県中津市にある東九州龍谷高校、通称、東龍は明治32年に創立された学校です。

東龍バレーを語る上で欠かせないのが大木先生（右）の存在。
著者にとって、大木先生との出会いは大きな財産になった

大分県内の私立高校では最も古く120年以上の歴史を持ちます。その長い歴史でひときわ輝いているのが、女子バレーボール部の存在です。1987年に高校3冠を達成し、文字通り高校女子バレーボール界の頂点に立ちました。

ただ、1990年を最後にセンターコート（ベスト4以上のチームしか立つことを許されない憧れの場所）に立てずに苦しんでいました。大木先生の後継者として東龍に赴任した際に「新しい風を吹き込んではしい」という周囲の期待を感じました。1年目はコーチ、2年目から監督として指導しました。

監督交代は公立校であれば人事異動でよくあることだし、私立校でも同じです。プロやトップリーグに至っては、結果が出なければ低迷する状況を打破するために、チームの先導者を代えることは当然の対策だと思います。

東龍の監督となり、私は信条である『愛と正義と熱量』を持って選手たちと向き合いました。そのころ、大木先生が私に、よく次のように言っていました。

「湯気《ゆげ》を出して怒ったかと思えば、すぐその後に『おー！　すごいな』と褒めることができる。これはできそうだけど、できる人はなかなかいない。でも、相原くんはそれができる。それは、相原くんがとにかくバレーボールのことしか考えていないから…。頭の中はバレーボールだけだからな」

それは今も昔も変わりません。常に全力です。練習を見に来た保護者から「監督があれだけ情熱を持って指導しているのだから、選手も期待に応えようとするはずですね」と言われます。試合でも同じです。私たち指導者がコートに立ってプレーできるわけではないので、後押しするしかない。最後の苦しい場面で選手たちが逃げないようにすることを考えたら、自然と大きなガッツポーズや叱咤激励となります。それはそうです。こちらは本気なのですから。

ただ、それは感情を思いのまま爆発させているわけではなく、選手を奮い立たせるメッセージであり、舵取り役として、選手や試合をコントロールしているのです。『熱く冷静に、燃えながら冷静に』が私のモットーです。私のことを知らない人は「勝利への執念が凄まじい熱血監督」などと思うのでしょうが、いつも俯瞰《ふかん》して自分を見ていますし、冷静に物事を判断しているのです。

例えば、2022年4月の全九州総合選手権大会の大分県予選では、優勝した直後

愛、正義、熱量

▼

愛

怒った直後でも
選手をリスペクトし
褒めるべき
プレーは褒める

正義

欲を捨て
正しい目
正しい判断
正しい行動をとる

熱量

『熱く冷静に、
燃えながら冷静に』
感情のままではなく
選手を奮い
立たせる舵取り

のミーティングで会場中に響き渡るような大きな声を出しました。「県予選だからといって手を抜いていないか」「常に本気で、常に一生懸命なのか」「日本一を狙うチームに本当になりたいのか」、選手だけでなく、保護者にもあった緩んだ空気を引き締める意味でも必要だと思い叱咤激励をしたわけです。

東龍に来た当初は今以上に大きな声で指示を出していたと思います。試合でも練習でも選手がおとなしすぎたからです。内に秘めた闘志は感じていたのですが、表に出ません。思いというものは表現してこそのものと思っています。私は率先して感情を表に出すことの重要さを説き、戦う姿勢を前面に出せるチームへと変えていきました。

雰囲気はガラリと変わり、すぐに成果が現れました。2005年3月の春の高校バレーでは15年ぶりにセンターコートに舞い戻り、3位となりました。翌年には19年ぶり2度目の全国制覇を成し遂げ、周りは古豪復活とはやし立てましたが、私の中ではまだまだこんなものではないという思いの方が強かったのを覚えています。深度を深め、オリジナルのバレーボールを追求しなければいけないと思ったものです。

東龍は組織、戦術のチーム

全国大会で優勝すると新人のスカウトの面で少し楽になります。東龍でバレーボールをしたい選手、私の指導を受けたいという選手が集まるからです。それでも毎年、日本代表を狙えるような逸材が揃うということはありませんでした。

東京や大阪のような大都市にある高校とは、競技人口のパイがまるで違います。今は中高一貫校、6年間指導での強化が主流となり、小学生をスカウトする時代です。競技人口が多い地域の方が有利になります。選手の情報も必要です。しかし、当時はインターネットやSNSも普及していませんでした。情報が行き届かない地方都市の高校は、新聞や雑誌の記事でしか知ることができませんでした。そう考えれば、春の高校バレーは全国放送だったこともあり、あの大会で結果を残せば大きな宣伝効果となったのです。

東龍は、1人1人の能力がすごいというイメージがあるかもしれません。しかし実は、分析力、組織力、バレースタイル、戦術で勝っているチームなのです。だから毎年選手が入れ替わっても、組織力などがチームの伝統として引き継がれているから強いのです。

男子は能力やセンスのある選手を集めれば、それなりに勝つことができます。でも、女子の場合は違います。こうやってバレーボールをすれば、こうなるのだということを徹底的に教えて、初めて試合をつくれるようになります。細部まで深く掘り下げてこそ勝機が生まれます。気が遠くなるほどの作業と時間を費やしますが、そこを落とし込むことができれば、技術や試合運び、点の取り方などを覚えるのです。

東龍のバレーボールは『超高速コンビネーションバレー』と言われ、複雑で多様な攻撃パターンを持っています。高さとパワーに対抗するためには、速くて緻密な攻撃をしなければ勝てないからです。このスタイルにたどり着いたのは、私自身が日本体育大学や香川教員クラブでプレーしたときに実践し、結果を出せたことが大きく影響しています。

柔よく剛を制すではないですが、小さくても技術とスピード、賢さがあれば日本一

東龍のバレーボールの強さ

▼

分析力

相手チームによって変わるが
分析する技術、知識は蓄積され引き継がれる

＋

組織力

チームの力として
伝統として引き継がれる

＋

バレースタイル

チーム内の選手によって変わるが
経験、知識は蓄積され引き継がれる

＋

戦術

勝つためのプレーを
細部まで落とし込む

＝

勝利

になれることを選手として証明できました。今度は指導者として実践したいと思ったのです。そして、このスタイルこそが、日本が外国のチームと対戦するためにも必要な戦い方だと思っています。

速くて緻密な攻撃は相手も嫌がりますが、それだけにこちら側のミスも多くなります。ラリーポイント制において、ミスは致命的な失点です。特に高校スポーツは難しいことを追求すると自滅する傾向があるため、難しいことに手をつけたがりません。しかし、能力やセンスのある選手が集まるチームに勝つためには、こうやれば勝てるのだということを選手がつかめるまで徹底的に教え込む。そこを諦めたら勝つことなどできません。

強いチームに勝つためには、ブロックやサーブなどの成功率を高めるのがポイントとなります。では、どうやって成功率を高めるか——。サーブであれば狙う位置に目印をつけて明確にします。ブロックの場合は、コート上にブロックのステップを踏む場所の足跡マークをつけたりしています。足跡マークで選手に動きを教え込むのです。そうすることで、精度の高さの重要性を認識させ、成功率を高めます。そして、速さ

超高速コンビネーションバレーの成功率を上げるには

▼

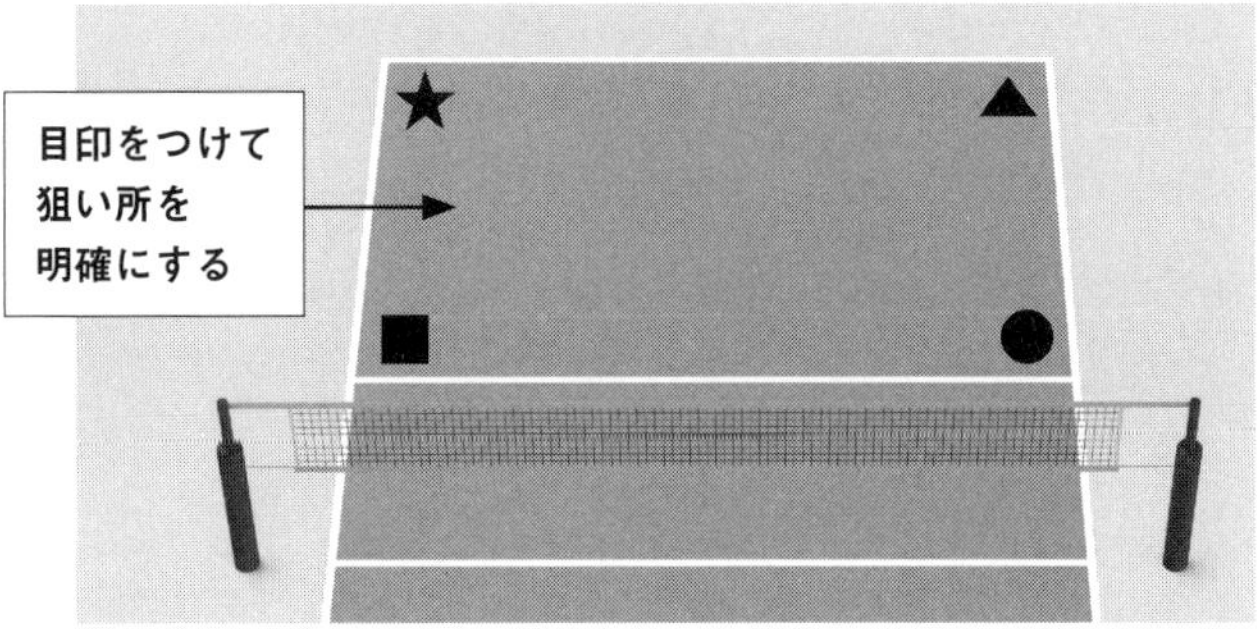
目印をつけて
狙い所を
明確にする

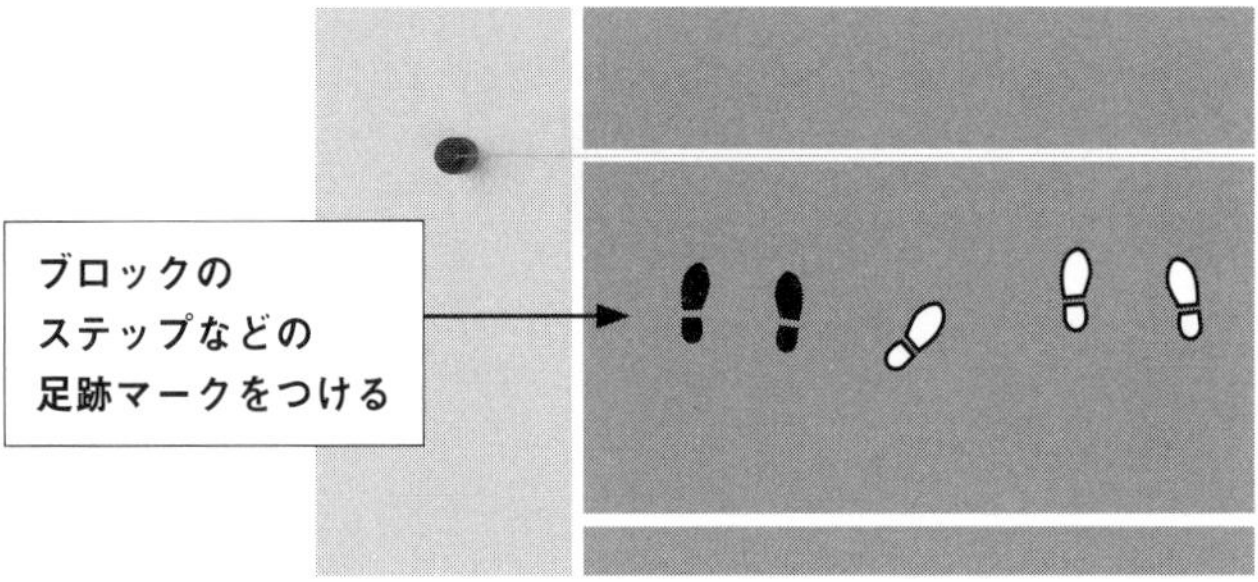
ブロックの
ステップなどの
足跡マークをつける

と複雑さの両方を追求し、練習の中からミスをなくし、オリジナルのパターンを具現化することにこだわりました。

力がないからこそ完璧な準備を求める

戦術の考え方としては、完成度を追求することに尽きます。バレーボールのルール上、ミスが失点になるからです。まずは相手の守備態勢が整う前に仕かけます。先手を取って、試合の主導権を引き寄せなければいけません。後は、どのようなトス回しで相手を翻弄《ほんろう》するかとなります。速さを生かすための戦術は嫌というほど考えました。どれだけのスピードを持てば高さとパワーに対抗できるのか。逆に言えば、どれくらいのスピードが必要になるのか。全ては追求でした。

攻撃パターン別の反復練習が基本になるわけですが、練習でできないことは試合でもできません。まぐれで1点取ったとしても、バレーボールは先に25点取らなければ勝てない競技です。サーブレシーブからの攻撃パターン、チャンスボールからの攻撃パターン、戦況に応じたパターン練習を何度も繰り返しました。力がないからこそ教え込み、技術、試合運び、点の取り方などラリーポイントを制するチームを目指し、限りなく完璧を求めました。

得点を取るためには、いかに相手のブロックを分散できるかで大半が決まります。これはどのスポーツでも同じだと思いますが、サッカーでもバスケットボールでも、いかにマークを外してフリーになるかが重要です。セッターのトスワークが肝となるのですが、観察力とテクニックを十分に発揮できるスピードがあれば、相手はついてくることができません。

まず基本があって、そこからバリエーションが派生します。練習で繰り返すことで形になっていくわけです。それを全員が体で覚えます。こうなると監督に強制的に動かされているのではなく、自分たちで点を取っている気になれます。1人1人が自分の役割に徹し、一体感を持ってみんなが最後まで攻める気持ちを失わない限り、負けることはないのです。

相手より先に戦況を見抜くアンテナ

試合の戦況によって相手より先に戦い方を変えるのは勝つための常套手段《じょうとう》です。例えば得点差やセットカウントに応じて、その時々のゲームプランは違います。相手チームの選手のメンバーやフォーメーションによっても変わります。

ゲームプランについては、試合前までに相手のローテーションごとに起こりうる、あらゆる現象を想定しておきますが、試合が始まってから変更することも多くあります。それは、実際に目の前で見ないと分からない部分があるからです。データ重視になれば机上の空論で終わってしまうことは多々あります。ゲームプランを微調整できるかが指導者の力だと思います。

ただ、練習の段階から相手の攻撃パターンや弱点といった部分は分析できます。スカウティングで分析し、データとしてまとめます。サーブの場合であれば、どの選手を狙えば、サーブレシーブを崩すことができるのか。パスが乱れることで、セッターをネットから離した場合、左右どちらの攻撃パターンが多くなるのか。トスが上がる位置が予想できるとスパイカーのクセや特徴をあぶり出せます。どのコースに打ってくる確率が高いかを見極め、ブロックの立ち位置を決めます。スパイクのコースを限定することでレシーブを容易にし、攻撃につなぐことができます。詳細なシナリオを描くのです。

そして実際に、それらを想定して戦術をつくり、組織の戦いを練り上げていくのです。スカウティングで、例えば相手のブロックが高いと分析した場合は、真ん中に寄るような攻撃は避けなければいけません。いかにブロックを一枚にするかという方向で戦術を組み立てる必要があります。

そうなると自ずと左右の幅を使った攻撃を選択することになります。コートを左右広く使って相手を振る攻撃を考えます。相手に長所を出させないことで短所化し、初めてサイドの攻撃で相手を揺さぶることができるようになります。

ただ、どんな完璧なシナリオでも、思い通りにならないのがバレーボールです。私はシナリオをできる限り再現できるように努めます。まず、試合が始まって1回のロ

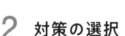

相手を観察、分析することが重要

▼

分析例

1	相手の特徴	● 身長が高いブロック 真ん中に寄るような攻撃は避ける、ブロックを一枚にさせる
2	対策の選択	● 左右の幅を使った攻撃 コートの左右を広く使って相手を振る
3	対策の狙い	相手の長所を出させず短所化させることで、サイド攻撃で相手を揺さぶることができる

最初に見るポイント ⇨ ● 相手ブロックの立ち位置
ブロックなどの守備のクセを観察、分析する

ーテーションの間に、相手のブロックの位置を確認します。私が見るのは立ち位置。そして、ブロックなどの守備のクセを見抜きます。相手より先に戦況を見抜くアンテナを持つのです。相手を観察、分析する力は球技において重要な要素となります。

「超高速コンビネーションバレー」を貫く

東龍のスタイルは「超高速コンビネーションバレー」。この戦い方は不変です。自分たちの型が徹底していると対策されやすくなるのでは、と言われますが、だからこそ、自分たちのスタイルを特化することが重要なのです。

高さのある強豪校と日本一をかけて対戦するときは、いつもそうです。高さとパワーを生かしたオープンバレーに対抗するためには、自分たちのバレーボールに相手を引き込まなければいけません。それができなければ、逆に相手のバレーボールに引き込まれることになります。

相手の強烈なサーブを低くて速いパスでつなぎ、高さのあるブロックに対し、スピードでかわすことができるのかどうか。お互いが持ち味を出し、自分の型を貫いた方が勝つ。そこは1つ1つのプレーを迷うことなく、自分たちのスタイルで勝負できれば勝機は増します。

ようは、データに頼るのではなく、自分たちのスタイルで相手のスタイルを封じることが重要なのです。超高速コンビネーションバレーに相手を対応させて勝つのか、高さとパワーに粉砕されるのか。だからこそ高さのある強豪校との対戦は、いつも面白いのです。

毎年全力、単年度勝負

毎年4月になれば新学期が始まり、新1年生を迎え、新チームがスタートします。夏のインターハイに向けてチームをつくり、秋には国体、そして年が明ければ春の高校バレー。これが高校バレーボールの1年間の大きなスケジュールとなります。

東龍は全ての大会で日本一になりたいと本気で思っています。もちろん本大会に出場するためには県予選を勝ち抜かなければいけません。油断や慢心はなく県予選から真剣勝負。「負けは許されない」「絶対に勝たなければいけない」というプレッシャーは相当なものです。精神的にどうしても受け身になってしまいます。相手は東龍との試合に全ての力を注ぎ込んでくるのですから、跳ね返すには、それ以上の力がなければいけないのです。「全国大会より、県予選の方が精神的にキツい」と、選手はよく言います。

しかし、勝負の世界に絶対はありません。勝つためには不安要素を1つずつ、毎日の練習で消していくしかありません。監督の役割は、まずは年間プランを立て、それぞれの大会の県予選、本戦に向けて、綿密なスケジュールを立てます。月単位、週単位で練習メニューを考え、戦い方を落とし込むのです。不安のない状態でコートに立てるように舵取りをすることが重要です。私が東龍の監督になってから県予選で負けたことが一度もないのは、この1年間のサイクルを毎年全力で、1試合1試合を大切に丁寧に戦っているからだと思っています。

「相原先生は日本一を何度も経験しているし、満足することはないのですか？　その情熱がどこから出るのですか？」と、よく聞かれます。

多くの選手が、私の指導を受けたくて、東龍で日本一になるために全国から来ています。私は日本一を何度も経験しているし、申し訳ないけど負けても次があります。しかし、選手にとって高校バレーボールは人生の中で3年間しかありません。さらに言えば、高校1年生で経験すること、2年生、3年生で経験することは一度として同じことはないのですから、その年その年で全力を注がなければ選手に失礼です。

3カ年計画、中高一貫校であれば6年間で強化計画を立てる指導者はいますが、私は全て『単年度勝負』にこだわっています。その年々で日本一を狙う。そうでなければ選手に申し訳ないからです。ある年は戦力が整っているから日本一を狙うが、ある年はそうではないから次の年のステップにする、なんて考えられません。

戦力が揃っていなければ育てればいいし、身長が低くても、エースがいなくても勝つための戦い方はあります。強くしたい、この選手たちに日本一を経験させてあげたいという思いがあるからこそ、気持ちが途切れることなどないのです。

毎日が最高新記録を目指す

東龍は毎年、3年生のチームです。私は選手にはっきり言います。「実力が同じなら3年生を試合に使う」。なぜなら、入学してから2年間、必死にチームのために自分の役割を果たしたのだから当然のことです。私が教えた日数が1000日と1000日では、1000日指導した選手の方が強くなくては、指導者として自分が悔しいではないですか。

私の考えとは逆で、「実力が同じなら下級生を試合に使う」という指導者は多いようです。それは次の代になったときに少しでも経験値を上げ、アドバンテージを得たいという考えなのだと思いますが、前述したように、私は単年度勝負にこだわっています。その年その年で最高の結果を求め、日々最高新記録を目指しているのです。

勝負を決める場面では、それまでに責任を背負った時間、3年分の反復回数がものをいいます。その責任が中途半端だと真剣勝負なんてできるはずがありません。3年生というのは、3年もの間に伝統の重みを普段から感じて過ごしてきたわけです。勝ちたいという思いの強さ、勝つためにどれだけの時間を費やし、準備してきたかが問われる場面で、試合で劣勢になったときでも諦めない気持ちは、下級生に劣るわけがありません。だから、私は迷わず3年生を起用するのです。

伝統というのは、3年生の姿を下級生が、どれだけ感じ取れるかだと思っています。下級生は3年生が自分たちの代で日本一になりたいという情熱を見ています。自分も頑張って練習すれば、3年生になったら試合に出られるかもしれないと思えるのです。私は、選手に試合に出ることを諦めさせたくない。自分はどうせレギュラーになれないと諦めて、練習も真剣にせずに卒業することだけはさせたくないのです。

そして、3年生を大事にする監督の姿勢も下級生は見ています。監督が3年生に大切に報いることで、3年生が2年生を、2年生が1年生を大切にするのです。これこそが、いじめを起こさない体制を整えることになるのです。だからというわけではないですが、私が3年生に求めているのは、下級生の模範となる存在になることです。

3年生が練習時間に遅刻するなんてありえません。私を含め1時間前には全員体育館で準備をしています。寮での生活態度が乱れているようであれば、下級生は「そんなもんなんだ」と思うはずです。
東龍のバレーボール部といえば、学校だけでなく地域の方からも一目を置かれています。授業中の態度、生活態度、登下校の立ち振る舞い、全てを観察されているわけです。登下校の際のゴミ拾いは当たり前です。だらしない服装で通学しているなんて考えられないし、あいさつもできないようであれば、バレーボール部だけでなく、学校の評価も落ちます。私は周りから評価され愛され、応援される選手、チーム、学校を目指しています。凛とした立ち振る舞いで、周囲を惚れ惚れさせたいのです。

私は四六時中バレーボールのことを考えています。日本一になるために、世界で戦える選手を育てるために、退路を断って取り組んでいます。毎日の練習メニューや試合のこと、いろいろと思いを巡らし考え続けています。選手もそのレベルに到達しないと勝てません。3年生だけでなく、下級生もそうならないと勝てません。もちろん、それらは本人の自覚の問題です。直接的に指摘することはありませんので、個々が高

３カ年計画——、著者は単年度勝負にこだわる。そのために
必要なものは、伝統の重みを受け継いできた３年生の力だ

い意識を保てるように導くことも、指導者の役割であると思います。

他の強豪校は1分1秒を無駄にせず練習しているわけです。そんな相手に隙《すき》を見せていては勝てるわけがありません。自分としっかり向き合い、行動できること。それを示すのが3年生なのです。

春の高校バレーには大切なものがある

〝春の高校バレー〟といえば東龍と言われるようになったのは、2008年から2012年までの『前人未到の5連覇』からです。一気に、その名が全国に知れ渡りました。春の高校バレーでは、母校愛や郷土愛というのをより強く感じます。個人的なことですが、生まれ故郷の東京を離れ、香川、大分と渡り歩きましたが、その土地その土地で温かく受け入れられ、支援も応援もしてくれました。特に大分の中津は私の第二の故郷だと思っていますし、骨を埋める覚悟です。そう思えるほど、ここには最高の環境があり、特別な地でもあるのです。

私は長年バレーボールに携わり、世界のいろいろな場所で試合をしてきましたが、18歳ぐらいの年代で、アマチュアで、さらに学校同士の対戦で、5日間に入場者数7万人を超えるような大会は、世界でも類《るい》を見ないものだと思います。春の高校バレーの熱気は他の大会に比べると別物です。

日本代表やVリーグの試合に比べて、技術は当然、劣ります。しかし、春の高校バレーは将来性を感じるスター誕生への期待感、そして甲子園の高校野球や高校サッカー選手権と同じように、若者らしいフレッシュな感動を感じ、楽しむ場になっているのかもしれません。バレーボールにかける思いや姿勢、気持ちの入った試合は、トップレベルの選手以上だと感じることもあります。最後まで諦めずにボールを追うひたむきな姿がコートにあります。高校バレーボールには、何事にも代えられないドラマがあり、バレーボールに精通していない人にも感動を与えられる力が秘められているのです。勝っても負けても選手が涙を流す大会は、この大会だけです。

今後、バレーボールがどれだけ発展しようと、春の高校バレーには欠くことのできない大切なものがあると改めて感じています。

エースはいらない

私は1人の選手に依存するようなチームはつくりません。特別扱いするような選手はいないし、エースはいらない。これは、私のバレーボール哲学の根幹です。全員バレーで日本一を目指すことによって連覇できるチームになるのです。エース中心のチームは、エースが卒業すれば弱くなり、チームを立て直すのが難しくなります。

毎年、身体能力の高い選手や留学生がいればエース中心のチームづくりはできますが、東龍はそれを良しとしません。かつて東龍にも日本代表で活躍した岩坂名奈（元久光スプリングス）や長岡望悠《みゆ》（久光）、鍋谷友理枝（ＰＦＵブルーキャッツ）などエースと呼べる人材がいた時期もありました。ただし、その時も『全員バレー』を目指しました。

エースにボールが集まると攻撃は読まれやすく、ブロックに引っかかります。それでもエースが調子のいいときは撃ち抜くことができますが、精彩を欠けばチームが崩

エースをつくらない全員バレー

▼

エース中心のチーム の欠点

- エースにボールが集まることで攻撃が読まれやすくブロックされやすい

- エースの調子によって得点力などにムラができる

- エースが卒業することでチームが弱体化する

れます。そうであればエースは必要ありません。それよりも何よりも、他の選手の力を引き出すセッターの存在こそが、バレーボールにおいて最も重要です。

野球で言うなら、ピッチャーとキャッチャーの両方の役割を担うのがセッターだと思っています。3つの返球で2球目に必ずセッターにボールが回ってくる。他の選手の良さを引き出すのも、チームの勝敗を左右するのもセッターの出来にかかっているといっても過言ではありません。それほど重要なポジションなのです。

セッターは頭が良く、賢くないとできません。そして、身体能力や技術だけでなく人間力も重要です。人を使い、人を生かすポジションである以上、人を束ねる心・技・体・知、リーダーシップのバランスが良い選手でなくてはいけません。そういうことを理解できる選手でないとセッターは務まらないのです。そして、トスを決めてくれる選手がいて成り立つポジションでもあります。スパイカーが活躍して、初めて自分の実力を認めてもらえます。名声を浴びるのはセッターではなくスパイカーで、セッターは影の存在。それに徹することができる選手でなくてはいけないのです。

セッターは他人を輝かせることで、初めて自分が認められます。そこはもう人間関

全員バレーを支えるセッター

▼

セッターの役割と求められる能力

● チームの仲間をまとめて、その能力を活用できるようにコントロールする

● 身体能力や技術だけではなく、人間力も重要

● 互いの考えを理解し、相手の立場に立って考えて練習で擦り合わせられる

係の問題なのです。「自分が生きるのはあのセッターのトスしかない。あのセッターにトスを上げてもらいたい」と思わせられれば、セッター中心のチームです。

スパイカーとセッターの良好な関係をつくるには、お互いの考えを理解し、認識を共有できるよう、練習の反復の中で、お互いの呼吸を覚えていきます。例えば、このタイミングで合わないときは、今度はもう少しトスを遅らせてみようなどと考えながら練習します。セッターに重要なことは、常に相手の立場に立って考えることです。

私のセッターへの要求はどのポジションよりも高いし、厳しく指導します。セッター以外の選手には「自分の役割だけを考えろ」と言いますが、セッターは違います。「映画監督となり主役を輝かせるのが仕事。感動のハッピーエンドをつくることを考えろ」と伝えます。チームをつくり、育む上で最も重要なポジションがセッターです。1本のトスで勝つか負けるかが決まる。セッターが判断を間違えれば悲劇映画となるのです。その考えは今も昔も変わりません。バレーボールの監督にセッターが多いのは、分かる気がします。

第2章

良い指導とはどういうものか？
勝つための指導には何が必要なのか？

私の指導論

良い指導といっても、人によってさまざまな意見があると思います。私は、全てを系統的に理論的に把握しているわけではありません。そこで、まずはここで、私の指導法の根幹ともいえるようなものをお伝えできればと思います。

私は、現役選手のころから『勝つためのバレーボールの追求』をしました。そして、それは今も継続中です。これまでの成功と失敗は全てが教材となりました。高校3冠を成し遂げたことや各年代の日本代表を率いてアジア王者、世界王者になったことなどの成功体験、地元開催となった大分国体の決勝で逆転負けしたことや東京オリンピックでの予選敗退などの失敗体験、全ての経験が指導における財産となっています。

私はバレーボール関連の本を読まないし、強豪チームの監督の考え方や練習をまねするようなこともありません。一度のバレーボール人生、自分の考えたバレーボールを追求して戦う『オリジナルの追求』――、そのことだけを考えています。

他の指導者と真逆の考え方ともいえるかもしれません。そのため、異端児扱いされることがありますし、相原昇を否定する人もいます。これまで私はメディアの取材を積極的に受けなかったし、他校の監督と馴《な》れ合うことなく、自分のやり方を貫いてきました。だからなのかもしれません。

ここでは、今まで明かさなかった指導論や練習方法を包み隠さず紹介したいと思っています。勝つことにこだわる意義、ウエートトレーニングを極力しない理由。また、短い時間で選手に効率良く戦術を落とし込むやり方も披露したいです。疲労骨折や肉離れ、靭帯断裂などのケガの予防、メンタルの折れない指導の秘訣もお伝えしたいと思います。

相原は昭和の監督、熱血指導というイメージがあるようですが、実際は独自のバレーボール哲学に沿って、闘将と智将を兼ねた監督を目指しているのです。

強化と育成と結果

東九州龍谷高校（東龍）に来てからは「常に勝ち続けなければいけない」という宿命を背負っていました。勝つことに必死だったから余裕はありませんでした。常に日本一を目指す高校だったので、どうやればチームを勝たせられるのかと、それしか考えていなかった時期もありました。

前述したように、育成年代は勝利を優先しなくていいという意見もありますが、試合は勝たなければいけないと思っています。勝利が全てではなく、勝って自信を得て、負けて悔しさをバネにして飛躍すればいいとは思います。ただ、勝つことへの執念がなくなったら指導者として、監督としては終わりだと思います。

行きすぎた指導は絶対にやってはいけない。それは大前提としてありますが、幼いころから勝利ばかり追っていると燃え尽きてしまうという考え方は、どうなんでしょうか。勝つ（優勝する）ということは、どれだけ苦しい状況でもミスをせず、丁寧に高い集中力でチームが結束し、一丸となり、やり切り、やり通すことができなくてはいけないのです。それを若い年齢で学ぶことは『勝負師づくり』として最重要なことだと思います。

勝利のために今ある全ての熱量を注ぐことを、育成年代で身につけさせておく必要があると考えています。成功体験を重ねることで選手は自信を深めます。また、優勝したときに見える景色を知っているかどうかで、その後の競技人生は変わります。

具体的には、優勝経験のある選手にはそれだけの価値が生まれ、その先の進路の選択肢が増えます。次の大きな目標を見つけるチャンスも訪れます。私は日本一、世界一を体験したことで、選手に訪れるであろう変化を感じました。

勝つから育つし、育つから勝つ。選手育成と勝利の追求は別物ではないのです。

勝負師づくりの効果

▼

- 苦しい状況でもミスをせず、高い集中力でチームが結束し、やり通す力を学べる

- 勝利という成功体験で、自信がつく。技術や評価が上がることで、将来の選択肢を増やすことができる

組織を継続的に活性化する術と実行

次に、ベースとなる組織のつくり方と、組織を継続的に活性化させるエッセンスをお伝えしたいと思います。大事なのはチーム全体に良い空気感染を起こすことができるかどうかです。例えばそれは、憧れの上級生を育てるということです。これは一般社会でも見られる構図です。若くて活発な社員と、経験豊かな社員が融合して、うまくバランスを取る。東龍には毎年元気な新入生が入ってきますが、1年生がチームに馴染《なじ》み、安定した力を発揮するためには上級生のアドバイスが必要です。

技術指導と同時進行で人間教育にも重心を傾けます。東龍が安定した成績を残し、常に日本一を目指せるチームになったのは、学年に関係なく教え合い、注意し合える関係を築き、組織を継続的に活性化する術を知り、実行に移せたからなのです。

東龍には、小中学生のときに日本代表や全国大会に出場したことのない選手がいます。東京や大阪などの大都市に比べ、地方の大分だけで戦力を整えるのは簡単ではありません。だからこそ私が育てたい選手、教えたい選手を育成し、まずは人間力を高め、徐々に成功体験という最良の滋養を与えていくのです。

丁寧な指導方法で人間力を身につけ、諦めない根性のある気持ちの強い選手を育てることは、今の時代は難しい。しかし、それができるのが優れた指導者だと言えます。

質の高い技術が必要

バレーボールは他の競技と比べて、プレーが完成されるまでの道のりが長いことが特徴です。何年間か続けただけで、簡単に良い選手にはなれません。正しいことの反復回数が重要で、とにかくその基礎を身につけることが必要です。

「下手なら走り勝つしかない!」。昔は、どの競技でもこのような言葉が飛び交っていましたが、下手だから走れ、そんな言葉は私の辞書にはありません。

バレーボールは走ったから、がむしゃらにボールを追いかけたから勝てる競技ではありません。東龍は私学であるし、一般的な高校バレーボールのイメージとはかけ離れたチームと思われていますが、特別に鍛え抜かれているわけではありません。

朝練はないし、平日の練習は夕方の3時間だけ。過度な練習はケガにつながるので、走り込みも筋力トレーニングもほとんどありません。バレーボールがうまくなりたいなら技術練習をし、質の高い技術を獲得するべきだという考えです。

私の指導はピンポイントで短期間集中型です。いわゆる詰め込み型長時間訓練とは異なります。もちろんバレーボールでも筋力や走ることは必要だけど、コートでボールを追い、飛びつけるかどうかは、試合の中で自分のモチベーションを高め、奮い立たせる熱量があるかどうかです。目標を持ち、それを達成するために何ができて、何が必要かを意識して練習を続けられるかどうかで、大きな差がつくと考えています。つまり、私の場合はPDCA法（計画、実行、測定・評価、対策）によるマネジメントの質を高めています。

この年代の選手に何を強調して指導するのか、そのことで指導者自身の指針が明確になるのではないでしょうか。

私は選手たちに「東龍の試合を見た小学生や中学生が、東龍でバレーボールをしたいと言ってもらえるパフォーマンスを見せよう」と伝えています。そのためには必然的にパワーやジャンプ力も必要ですが、それら以上に技術や判断を磨くことを優先することになります。

質の高い高度な技術を身につけた選手が、セッターへパスをピンポイントに返し、9mのネットの白帯に沿うようなトスをスパイカーが巧みに打つ。こうして東龍の超高速バレーは確立されました。

巧緻性の重要性

バレーボールはボールを持てないタッチ競技です。筋力だけでは解決できないことが多く、球技センスと共に技術力と双璧をなすのが巧緻性です。ここで言う巧緻性とは、飛び方や空中でどんな姿勢を整えるかということです。

スパイクの場合であれば、落下地点に素早く入り、真っ直ぐに飛びます。ブロックの場合は、ステップが重要となります。これは日本人選手の長年の課題でもあります。

正しい位置に動き、足を止めて、最高の形をイメージしたブロックをつくります。この一連の流れの動きを徹底する必要があります。それができていれば体が流れることも、ネットから離れることもありません。

バレーボールは空中で競技をするスポーツなので、巧緻性がないと戦えません。ハンドボールでいうスカイプレーの連続です。相手のサーブやスパイクが来た瞬間に、仲間の動きを考えて、自分のことも考えなければいけません。このボールをどのように扱ったらいいのか？　相手のブロックとの関係性を見て、どれが効果的なのか？どんな攻撃、どんなコース打ちをしたらいいのか？　それらを一瞬で導き出さなければいけません。思考回路をフルスピードで回転させなければいけないのです。

それを東龍の場合は、速いパスと低いレシーブで時間を短縮し、相手が構える前に攻撃することを追求しています。反射的に動く世界です。そのため、交通整理ができていないと大事故を起こします。高速道路を時速１００㎞で走っている車の列の中に時速50㎞の車が入ったら危険です。だから全員が１００㎞で走れるように揃えないといけません。そうなれば一斉に走っても隣の車の中まで見えます。この状況を生み出す練習をしています。

情報共有の必要性

2021年に開催された東京オリンピックを経て、私の指導方法も変わりました。それはアナログとデジタルの融合です。

日本代表はさまざまなチームから選手が集まります。個々でそれぞれのやり方があるため、情報を共有し、選手へ分かりやすく伝えないといけません。そのため、パワーポイント（プレゼンテーションソフト）を使って戦術を分かりやすく説明し、動画を使って視覚化しました。

東龍に戻ってからも日本代表での経験は生かされています。選手と私の間では、スマホやグループLINEを活用して課題を共有するように心がけ、大型モニターを使って寮の監督ルームで毎日のように確認し、指導しています。

練習や試合を通じて浮かび上がった個々の課題を動画として切り取り、文字情報も

情報共有のデジタル活用

課題を言葉だけではなく、動画等で具体的に提示

課題に対し、自分で答えを導き出したり、選手同士でアドバイスを送り合える。
同様の課題に直面したときに、過去の解決法を参考にできる添えてグループLINEで問いかけます。そうすることで、自分で考えて答えを導き出すこともできれば、誰がどのような課題に向き合っているのかが分かるため、選手同士でアドバイスもできます。また、自分が同じような課題にぶつかったときに処方箋《せん》があるため解決方法も見つけやすくなります。

私はメモ魔で、気づいたことはなんでもノートに書いていましたが、今は携帯電話のメモ機能に記録し、選手に落とし込む事柄があれば一斉に送信しています。便利な世の中です。新しいことは積極的に取り入れ、今の時代には何が最適なのか――。デジタルを使いこなす子どもたちの生活に合わせて、自分たちがシフトチェンジ（変化）する必要を感じています。

コーチングのシフトチェンジ

時の流れに沿って、高校バレーボールの指導も一方的な指示から、選手を大人に成長させる方向に変わってきました。怒声と鉄拳で育った指導者は同じ方法で選手を扱おうとしますが、今はそれでは通用しません。今の時代はリスペクトがなければいけません。言い換えると、愛がなくてはいけないのです。子どもたちの意見を尊重することも必要だし、自分を貫く部分とシフトチェンジしなくてはいけない部分があり、ちょうど良い指導ができる人が求められています。

今の子どもたちには、言い放ちの指導では受け入れられません。なぜこの練習が必要なのかを、きちんと説明できなければついてきません。

一昔前なら指導者の意見が絶対で「俺の言うことを聞けばいい」でした。今は拡散する情報をすぐにキャッチでき、発信もできます。外の世界と比べて自分がどんな環境にいるのか、選手も学び、賢くなりました。

時代が変われば常識も変わります。多くの人の考えは、もとをたどれば、自身の経験が核になっていますが、大切なのは柔軟性と寛容性です。社会背景に沿ったスタイルを常に模索していかなければならないのです。

逆にコミュニケーション能力が乏しく、自分の思いばかりが先行すると過去の成功例に当てはめようとして相互理解が抜け落ちます。

オリジナルを目指す

どんな選手を育てるかについては、私は次のように考えています。

まず、私が最初に取り組んだのは、技術の高い選手をつくることを目指したことです。技術の高い選手の定義は、いろいろとありますが、私は、巧緻性の高い選手だと考えています。巧緻性の高い選手の条件とは何か。それを明確にし、そういった選手をつくるためには、どんな練習をすればいいのか、ということを整理しました。

今まで私が培った経験を土台としながら、良いものは取り入れ、悪いものは壊していかないといけません。少しずつ進んでいくしかないのですが、思いつきで練習するのではなくプラン通りに動き始めました。

そのチームづくりのスタートは、まず自分たちの力がどのくらいなのかを分析し、それに合った目標を設定しました。そして、その目標に到達するまでにどんな練習をするのかを考えました。そして目標に到達したのかどうか結果を分析します。少しずつアップデートを繰り返し、依存心・依頼心の強い子どもから自立した大人に成長させるのです。その過程を繰り返す中で一番大事なのは、選手が毎日練習に来てバレーボールをする喜びを感じること。東龍のユニフォームを着て試合を行い、真剣な目つき、顔つきでプレーできる喜びを心から感じるチームにすることです。つまり、東龍の誇りと自信を持ってプレーすることです。

日本でオンリーワン、ナンバーワンの高校へ——。そして、オリジナルを目指す。簡単に言えますが、それが最も難しいことでもあります。もちろん一朝一夕になるものでもありません。揺るぎない思想や信念、そして、たゆまぬ努力なくして実現はあり得ないのです。

動作トレーニングの徹底

私が目指す「超高速コンビネーションバレー」は、力ずくではできないものです。「タイミング」「反動」「遠心力」「脱力」など、力の使い方や生み出し方が大切です。そ

チームのつくり方

▼

① 自分たちの力の分析

↓

② 能力に合った目標の設定

↓

③ 目標に到達するまでに必要な練習の設定

↓

④ 実行と結果の分析

（④から②へ）アップデートを繰り返す

⬇

一番大事なこと

選手が毎日練習に来て
バレーボールをする喜びを感じること

のため余分な筋肉は足枷《あしかせ》となります。重たい鎧《よろい》はスピードやキレを奪い、膝や腰への負担が大きくなります。最終的には、ケガをしやすくなってしまいます。

目指すバレーボールのスタイルを実行するために、体の動かし方を知ることは重要です。取り入れているのは「初動負荷」の動きです。初動負荷とは書いて字のごとく、初めの動きに力を入れ、後はリラックス、脱力する動きとなります。初動負荷を使えば、オーバーハンドパスは最初のタッチの部分だけ力を入れれば、触れるだけで飛ぶのです。スパイクもそうです。最初にボールに触れた瞬間に最大のインパクトを与え、その後のフォロースルーは脱力します。そうすることで疲労が軽減され、何度も素早くスパイクを打てるようになるのです。

実際のスポーツシーンでは、筋肉は緩む、伸びる、縮むという動きを繰り返しています。これらがスムーズにつながることで、しなやかな動きが可能になります。初動負荷トレーニングでは、筋肉をリラックス状態に保つことで、人が本来持っているリズムを自然に取り戻すことができるのです。

逆にウエートトレーニングは終動負荷となります。フィニッシュで力が入るので乳酸が蓄積する動きとなり、疲労物質がたまり疲れます。また、体重を増やすことでスピードがなくなり、ジャンプをする際に体が浮かなくなった選手はたくさんいます。また、バレーボールは体重が増えると膝の負担が大きくなり、前十字靭帯を切ることが多いのです。

理想はでんでん太鼓

質の良い柔軟な筋肉をつくると同時に、体の動かし方も重要となります。

選手に伝えるときには、車に例えます。フレームとなる骨格は持って生まれたものだからどうすることもできませんが、車体は筋肉をつけて大きくすることができます。ただ、車体が大きくなり、排気量が増えたとしてもガソリンを大量に使うことになりかねません。ガソリンの無駄づかいは体力を消耗するだけでなく、ケガの恐れがあります。それならば車体を大きくすることより、運転技術を高めて燃費の良い走りをするハイブリットカーを目指した方がいいのです。もちろんメンテナンス法もしっかり指導して、安心・安全で快適な車を目指すのです。

野球でも、パワーありきの力ずくで投げる投手は肩を痛めてしまいます。バレーボールも同じで、力で押し通すと肩や肘、膝を痛めます。

スパイクは肩で打つのではなく、親指から動きを内転する肘の回転で腕を振ります。専門的に言えば「回内動作」という動きです。分かりやすいのが砲丸投げです。砲丸投げで腕を振って投げると肩を痛めるだけでなく、遠くに飛ばすこともできないでしょう。バレーボールも同様で腕を振る動作より、伸ばす動作の方が大きなパワーを生みます。東龍では腕の動きを内側にひねる、手の返しだけの練習をします。ボールを持たずに、野球のシャドーピッチングのようにタオルを持って回内動作を意識させます。丁寧に時間をかけて教え込みます。今はタブレットを使ったりして、可視化できるように映像確認をして、より効果的に指導できるようになりました。

少ない力で大きな力を生み出す動作、体の動かし方（特に初動）でスピードアップを目指すのが相原流です。そして、足の運びやステップを含めて正しくきれいなフォームを身につければケガはしません。

スパイクの理想はでんでん太鼓（棒状の持ち手が付いた小さな太鼓の両側に紐があり、その先に玉が結び付けてある昔のおもちゃ）です。玉が太鼓の腹に当たり音を立てるように、まっすぐブレない軸と初動負荷を与えます。後は回転を利用して腕のしなりで打ちます。腕は柔らかくしならせ、緩みや張りを生かしてボールを打つのが理想です。

練習試合より紅白戦を重視

私はオリジナルのバレーボールを追求しています。その1つに、精度を高めることが目的であれば、チーム内で紅白戦を実施します。AチームとBチームを頻繁に入れ替えることで、競争意識を高めることができます。BチームがAのメンバーを脅かす存在になれば、必然的にチーム力もアップします。東龍では「Bチームが強ければAチームが結果を出し、翌年の新チームも強くなる」が定説になりつつあります。

練習試合のデメリットは、移動時間の労力と活動時間が少なくなることです。もし対外試合が必要なのであれば、格上の大学生やVリーグのチームと試合を組みます。

実戦経験を積むために練習試合をしても、練習試合は練習でしかありません。それならば日ごろの練習から緊張感を持って、取り組んだ方がいいと思います。公式戦で勝てるための準備を万全にして、調整に時間を費やした方がいいと私は考えます。目指すは、『チーム内の紅白戦が全国の決勝戦に匹敵するレベルであること』です。

環境を整える

最高の環境とは、指導者の質はもちろん、学校の理解も必要です。特にハード面のバックアップは、東龍においては理事長の多大な理解のおかげで最高の環境を用意してもらいました。体育館は選手の体調管理を考え冷暖房を完備。監督室も設けてもらいました。Vリーグ並みの環境が整っていると言われますが、全ては学校の協力があってこそなので、本当に感謝しています。

体育館を建てるときに、理事長から「他に必要なものは」と問われ、「寮です」と答えました。栄養、休養も行き届く環境を整えたいとの思いがあったからです。

寮は学校から徒歩圏内の好立地です。全寮制であるのは、寝食を共にすることで一体感を生み出すためです。多くの強豪校が学校の敷地内や体育館に合宿所がある中、東龍はオンとオフのメリハリをつけるために、あえて距離を離しました。また、妻がまかないを担当し、選手と私のサポートをしてくれています。

東龍では、プライベートを確保するために1人部屋にこだわりました。1人で考える時間も必要だからです。選手同士がコミュニケーションを図るための多目的室、軽度な運動ができるトレーニング室もあります。これらは全て、図面の段階から私が携わりました。大事な子どもを預ける親御さんにも安心してもらえる寮になっています。

携帯電話の使用においては、制限はなく、今の時代に合わせています。規制もルールも緩いのは、本当にバレーボールに打ち込んでいると信じているからです。日本一になるため、3年間はバレーボールに一途でなければなりません。東龍には、退路を断つ覚悟を持った子どもが来ています。

もちろん、私自身はタバコを吸ったり、パチンコをしたり、麻雀をするようなこと

オリジナルのバレーボールを追求する著者にとって、競争意識が高められ、必然的にチーム力もアップする『紅白戦』の重要度は高い

はありません。選手のことだけを考えています。それが私の退路を断つということです。本当にバレーボールのことだけしか考えていません。ふらふらしている暇なんてないし、毎日が全身全霊なのです。今でも妻と共に寮監として寝泊まりをしているのは、選手をほったらかしにするのではなく、常に同じ時間を共有するためです。

ちなみに副校長として毎朝7時に出勤し、副校長席で先生たちと仕事をしたり、生徒の相談に乗ったりしています。私がリーダーとして最重要と考えていることは、「観察力」と「アンテナ力」です。これらは同じ時間を共有するからこそ身につくものであり、自分の目で見ることは判断する上で最重要と考えています。

継続するからこその時短練習

素直さとハングリーさというのは、指導者の方なら誰もが持っている選手の評価ポイントだと思います。

私は昔、一日中コートで練習している選手が一番良いと思っていました。ただ、東龍に来てからは考え方が変わってきて、短時間で効果的な結果を出せるのが優秀な人材だと思うようになりました。

実際に、東龍では絶対に居残り練習も朝練もさせません。それは私がいないところでケガをされては困るし、しっかりとした指導のもとで練習をしないと変なクセがついてしまうこともあるからです。監督が練習量をコントロールしなければいけません。そして、体を動かして練習することだけが練習ではありません。寮の監督ルームで選手と一緒に映像を見ながらアドバイスをすることも重要なのです。

練習では常に「毎日が最高新記録の練習をしよう」と呼びかけています。練習後に気力も体力も残っているようでは、まだまだ練習で100パーセントの力を出し切ったとは言えません。選手は、次のメニューを予想して体力を温存しようと考えます。そこで私は、選手が目の前の練習に集中できるように、練習前にその日のメニューをチームのグループLINEに送ります。なぜならば、練習の目的、目標、意図をイメージさせることでスムーズに練習ができ、選手は力を温存することを考えなくなり、練習に集中できるようになるからです。

試合は1セット30分、ストレートで勝負が決まれば1時間もかからずに終わることがあります。その短い時間で力を出し切れるクセをつけることが大事です。そして試合が終われば一喜一憂することなく、次の試合に気持ちを切り替えるのと同じように、練習が終われば、体を休めるために食事と睡眠をしっかり取る。今日やった練習を頭で整理して、次の日に備えてほしい。それだけなのです。

時短練習ができるのは、指導方針、指導方法が一切変わらなかったことも要因の1つです。毎日同じことをやれば、1つの練習に15分かかっていたことが段々と短い時間でできるようになる。それを365日やっていれば効率は良くなります。さらに2年、3年とやっていれば、同じ練習も時短だけではなく質も上がり、深みが違ってくるものです。1つのことができれば、次に新しいことをやりたくなりますが、一流とは1つのことを磨き上げ、精度を上げることを追求できることなのです。

継続は力なりと言いますが、継続することで無駄を削ぎ落としてコンパクトになっています。いらないものを選別し、肝となる部分だけを残しています。それさえできていれば長い練習時間は必要としないのです。

時短練習のメリット

▼

- 居残りや朝練がなくなり、指導者が直接指導できるので、変なクセがついたり、ケガをされるリスクが軽減される

- 練習の目的、目標、意図をイメージさせることで、無駄なく全力で練習に取り組むことができる

- 試合で想定される限られた時間の中で、全力を出しきれるクセを身につけることができる

- 短時間の練習を繰り返すことで、効率が上がり、練習の質も向上し技術の精度が上がる

少数精鋭

東龍のバレーボール部は、各学年6人から8人ぐらいです。かなり少ない人数だと思われるかもしれません。私立校でありますから、経営のメリットを考えると多くの部員を抱えた方がいいのかもしれません。東龍の指導陣は私と竹内誠二コーチの2人だけです。外部トレーナーも入っていないため、コートで全員がしっかり練習でき、1人1人の選手に目が行き届く。短時間で練習するためには、やはり3学年で24人ぐらいが限度だと考えています。

人数が多いと、練習だけでなく遠征や大会で一軍、二軍のように分けなくてはならなくなるデメリットがあります。さらに自分の哲学を落とし込むための時間もかかるし、情熱の熱量が薄れると感じています。女子の結束力はすごいパワーを生み出すことがある反面、人数が多いと派閥ができやすくなるのも事実です。

1学年の人数が少ないと団結力が高まります。一緒に長い時間を過ごして、どれだけ仲間に良い影響を与えられるか。3年生になれば、そんなことを考えられる選手が増えていくものです。指導者と選手の良好な関係性を保つためにも、結束力を高める上でも少人数が最適なのです。また、東龍で辞める人がいないのは全員を戦力と考えているからなのです。

選手との最適な距離感

選手との関係性で心掛けているのが最適な距離感です。指導において基本は平等です。特別扱いはしないし、エースはいらない。選手を個別に監督部屋に呼ぶことなんてないし、能力が秀でた選手を特別扱いすることもありません。

監督の引力は必要ですが、引き寄せすぎないようにするのは女子バレーボールにおいて大前提です。そこは徹底しています。現役選手だけでなく、卒業生とご飯を食べに行ったこともありません。卒業生の相談には一切乗らない。なぜなら、卒業生には次の進路先の指導者から学んでほしいからです。これが次のチャレンジの成功のポイントとなるのです。

これだけ多くの卒業生がいて、日本代表やオリンピック選手を出しても結婚式に行ったことは一度もありません。それは伝統になっていて招待状も届かなくなりました。ビデオレターは送りますが…。

私の哲学は100パーセント現役選手に向き合うことです。申し訳ないけど、卒業した選手はそれぞれ自分で決めた道を歩むのだから、自分の足で歩めばいいのです。その歩み方は3年間で身につけさせた自負もあるので、見守るだけでいいと思っています。私は卒業生に必ず言うことがあります。

「俺のことは忘れろ。東龍のことは忘れろ——」

私は現役選手と今、目指す目標に向けて練習をしているのです。

良質な『空気感染』を起こす

毎年同じように日本一になりたいという熱量がないと、春の高校バレーで5連覇などできなかったと思います。初優勝したときは北京オリンピックに出場した河合由貴（元ヴィクトリーナ姫路）がいましたが、チームは小さかった。連覇の最初の年となる2008年は、3年生に岩坂名奈（元久光スプリングス）がいて、一学年下に長岡望悠（久光）や芥川愛加（元JTマーヴェラス）らがいました。確かにメンバーは揃っていたし大きな選手もいました。しかしその後の村田しおり（元久光）や比金桃子（元トヨタ車体クインシーズ）らの代は身長が低く、鍋谷友理枝（PFUブルーキャッツ）のときもそう。他校が大型選手を揃える中、小兵の戦いで勝ち上がりました。

5連覇した5年間は毎年プレースタイルが違うし、フォーメーションも変えました。なぜなら、選手が毎年入れ替わる高校スポーツにおいて、同じことをしていては勝てないからです。監督のやりたい形に選手を当てはめるのが一般的でありますが、私はその年の選手の力を最大限に引き出せる形を追求します。軸となるスタイルは継承しながら、マイナーチェンジを繰り返し、チームをつくらなければ毎年日本一になることなんてできないのです。

私はこれを『伝言ゲーム』『空気感染』という言葉を使って選手には伝えてきました。

上級生には、「先輩たちが築いた歴史があるからこそ、お前たちは良い経験をできた。次はお前たちが感じたことを下級生に伝え、しっかり自分たちの役割を果たしなさい」と言っています。それが『伝言ゲーム』です。

伝える方法はいろいろありますが、『空気感染』が最高の伝達手段だと思います。本気で日本一になるという雰囲気があれば下級生はそれを感じ取るのです。最高のチームとは同じ空間で同じ空気を吸うだけでうまくなれる、ボール拾いをしているだけで強くなれると思えるものです。

言葉も大事ですが、雰囲気や空気感を伝えることができれば、良質な『空気感染』の『感染範囲』は広がります。

ときには自分がウイルスになる

『空気感染』は、監督から選手に伝染することもあります。監督自身に悔しさや負けたくないという気持ちが強いと、それが選手に乗り移っていくものです。そう、自分自身がウイルスになるのです。そのことは経験から得たものでもあります。

　私は試合前の円陣で「いくぞー!!」と声を張り上げ、選手を鼓舞することもあれば、コート際で戦況を見守り、ポイントを奪うたびにガッツポーズをする場合もあります。飛行機のように両手を広げて喜んだり、コートの隅にいる控え選手の輪に加わってハイタッチもします。それらは『7人目の選手』として一緒に戦っていることを示すアクションであり、ムードをつくるために必要なことなのです。

　この部分だけを取り上げられると、選手より目立つ監督なんてどうなんだ、と言われますが、全ては選手の気持ちを高ぶらせ、戦う姿勢を植えつけるためのアクションなのです。元気のいい選手が集まった年であればベンチに座っていればいいですが、おとなしい選手ばかりの年もあります。そういうときは、監督が一番にバカになって盛り上げることも必要です。私は自らパフォーマンスを打って出ることを恥ずかしいとは思わないし、チームの士気が上がるのであればなんでもします。選手が1試合、1セットの中でパフォーマンスが高かったり、低かったり、集中力が切れたりすることがありますが、そのときこそ監督のリーダーシップが必要であり、そういった覚悟を持っています。

指導者自身がどれだけ本気かを示すことは大事です。心が浮ついているときには、どんな言葉を使っても、どんな態度を示しても選手たちには伝わりません。一方で選手の方にも気持ちが入っていないと言葉は染みていきません。

指導というのは、互いの教えたい、教わりたいという相互の理解があって初めて成り立つものです。語気を強めたり、優しい言葉をかけたところで、相手の心に響かなければ意味がないのです。

では、どうすれば相手に思いが届くのでしょうか。それは指導者自身が高い志を、そして、強い使命感を持つことだと思います。それがなければ、どんな言葉、どんな態度を取っても相手には通じません。「この監督は、言ったことは絶対にやる」という引力、信頼感があることが前提です。

また、指導を受ける側も気持ちが入っていないと、体に染み込んでいかないのです。「勝ちたい」「うまくなりたい」「成功したい」という熱い気持ちを持っていなければいけません。選手が指導者を、指導者が選手、チームを好きでなくてはならないのです。まあ、言うのは簡単ですが、実際に行動に移すと難しいものです。私自身、これまでいろいろなことを経験してきたからこそ引き出しが増え、選手たちの状況によって言葉や声をかけるタイミングが分かってきたと思っています。経験がないころは、威圧感で押し通したこともありましたが、それではいくら指導しても選手には響きません。

春の高校バレーで5連覇した2012年以降、徐々にどの大会でも平常心でいられるようになりましたし、言葉も適切なものが使えるようになりました。

いつ、どこで、どんな雰囲気で何を言うかは、指導者自身が多くのことを経験して、勉強していかないといけません。言葉1つ発するにしても、それを裏打ちするようなものがないと相手に響かないのです。

練習では常に選手たちが100パーセントの力を出せるように鼓舞します。練習の中で選手たちの顔を見ながら、モチベーションが下がっていると感じる場合は、叱咤《しった》することもあります。それは練習で妥協を許すと試合でも妥協するからです。常に本気で手を抜かない。全力で指導することが大切なのです。

選手に届く指導に必要なこと

▼

- 『７人目の選手』として、選手の気持ちを高ぶらせ、戦う姿勢を植えつけるためのアクションを取る

- 指導者自身が高い志を持ち、強い使命感をもって指導することで、指導を受ける側の信頼感を得る

- いつ、どこで、どんな雰囲気で何を言うか、指導者自身が経験と勉強をして身につける

考え方を教える

テクニックやフィジカルは、その成長が目に見えるし、ある程度、鍛え方というのは分かります。しかし、心は目に見えないため、その鍛え方は多くの指導者が悩んでいると思います。考え方を教える、それはメンタルの成長を促すことでもあります。指導とは選手やチームの心に火を灯すことです。その火を燃やすためには、指導者が高い志を持って、熱く燃えないといけません。そして、選手の心を開放することです。そのためには選手が素直であることも重要です。周囲の意見に耳を傾け、練習1つ1つに意味があることを信じて、全力で取り組むことができれば、成長速度は上がります。

例えば、試合に負けたあとにダッシュを何本もする。選手たちは「なぜ」と思うかもしれません。しかし、理不尽なことによる成長もあります。ペナルティーを受けることでメンタルが強くなるという考え方を教えることも必要です。

私はそのようなことはしませんが、反復練習は繰り返します。「また、この練習か」「まだこの練習が続くのか」と、選手たちは指導者に対して不満を持つかもしれません。でも、そこで根気強く、選手たちを導いていくのです。緊張して舞い上がって、頭が真っ白になっても、考えなくてもプレーできるようにしておく必要があるからです。

そもそも、反復練習をすることの理由は、無意識に最高のプレーができるところにあります。そして、限界値を超えたところに、身体的な成長と同時にメンタル面の成長があるからです。

ただし、限界値は一気に超えようとして超えられるものではありません。個々によって限界値は違ってきます。選手によって違うその差を見極め、追い込み方を少しずつ変えていけるかどうか。そこを見誤ると行きすぎた指導になるため、指導者の手腕が問われるところです。

家庭環境、教育環境、たどってきた生活環境によって個人差はあります。それぞれが巡ってきた環境も頭の中に入れつつ、褒め方、怒り方などを考えなければいけません。常に生活から練習まで観察しておかなければ、さじ加減が分かりません。段階的に限界値を少しずつ超えさせる。そうしてメンタリティーを培っていくことが大事だと思います。

習慣づけが限界値を超えさせる

コートの中だけでなく、生活面の中にメンタルを鍛える手段は多くあります。それが習慣です。些細なことですが、靴を脱ぐときは必ず揃える。挨拶を欠かさずする。それを子どものころから常に意識して行い、習慣として生活のリズムにすることが大事です。その習慣が多い人間ほど、毎日の限界値を超えさせるトレーニングの成果も大きく出ているように感じます。反復練習が嫌いで部活を辞めてしまうようでは、その先の日常生活や社会生活でも物事を途中で放り投げることに慣れてしまいます。

野球のイチローは、ルーティン、つまり習慣の大切さを常に口にしています。同じ姿勢でバッターボックスに立ち、同じ姿勢で守備につく。本当にメンタルが強い人は、やはりいろいろなことを習慣づけていて、自分の形を持っている人なのだと思います。

何度も限界値を超えていけるかどうかは、生活の中で丁寧さ、正確性、役割を徹底し、責任感を身につけさせることと密接に関係しているのです。

頂点に立つルートは1つだけではない

私は選手に「山の登り方はいろいろある」と話します。「先輩たちが歩んだ道をそのまま進むこともできるけど、代替わりすればメンバーの個性もそれぞれの能力も違う。ならば他の道順を考えないか。方法はたくさんあるぞ」と呼びかけます。

選手は自分たちの力量がどれだけあるのかは、先輩と比べれば分かります。頑張れば同じように日本一になれると思えるのであれば、同じルートを登って頂点を目指せばいいです。だけど、自分たちの学年は、実力的に苦しいと思う代は、異なるルートで頂上を目指せばいいと思います。頂点に立つルートは1つだけではありません。

実際に選手たちがどう感じているのかは分かりませんが、この年はこんなバレーボールをして、あの年はあんなバレーボールをしたなどという話をすると、まったく聞く耳を持たない、というふうでもありません。むしろ、選手たちは成功してきた先輩の情報に飢えていて、過去に登ったルートを教えると、食いついてくることが多いです。漠然と頂点を目指そうと言ってもイメージが分からなければ本気になれないし、不安も出てきます。ルートは具体的であればあるほどイメージができます。

一度や二度、登頂に成功している指導者は同じルートを登りたくなるものですが、毎年選手は違うのだから同じルートが正しいとは限りません。私は何本も異なるルートで山を登り、アクシデントが起きたら、異なる道を切り開いてきた経験があります。だから一緒に頂点を目指そうと思ってくれる選手が東龍に来るのだと思います。

頂上まで行った喜び、あるいは頂上から見える景色の良さは、登ってみないと分かりません。それを一度経験すると、また見たいという気持ちになります。でも、それは頂上に行ったことがある人でないと湧いてこない感情です。そういう意味においても、一度頂上まで登り詰めること、つまり勝つということは重要なのだと思います。

選手の気持ちを高ぶらせ、戦う姿勢を植えつけるには、監督のパフォーマンスが重要。そんなときこそ、監督が一番バカになって盛り上げることが大切だ

第3章

私が考える指導者が持つべき資質

勝っても負けても財産

プロの監督は勝てば継続、負ければ解任の世界です。だから勝利という結果を求めなければならず、育成に力を注ぐことはなかなかできません。一方、私は育成のプロフェッショナルであり、職人だと思っています。だから負けたからといって終わることはありません。現在、監督、副校長、寮監、教師の4刀流をしているのも、人生の終わりまでバレーボールを追求したいからなのです。育成・強化とは長期間行うから成果と結果が出るのであり、一朝一夕にできるものではないのです。

私にとっては、勝利も敗北も財産です。指導者というのは、1つの理想、哲学を持っていなくてはいけません。私の場合は情熱。これと思ったことに注ぎ込むエネルギー、バレーボールにかける強い思いがあります。一方で、自分の思いに対して迷いなく突き進み、ダメなら仕方ないという潔さも必要です。

私の指導歴を紐《ひも》解くと、根底にあるバレーボールのスタイル、考え方は指導者になったときから、ほとんど変わっていません。もちろん、バレーボールの進化に沿ってアップグレードはしてきたし、自分が感じ取ったことに従って変化を加える場合もありました。

２０２１年に東京オリンピックが終わって東九州龍谷高校（東龍）に戻ってから、特に選手個々の成長に目がいくようになりました。それは技術的な部分と人間的な部分も踏まえてです。

組織（チーム）の強さは指導者（リーダー）の強さです。リーダーとしての資質を生まれながらに持っている人はいません。志を持ち、夢を持って、それに対して重荷を背負っていく中で、地道に経験を積み重ねていくしかないのです。困難に直面しても、１つ１つそれを創意工夫しながら打ち破り、その中で勝利を重ね、実績を築いていく。それができる指導者のところに、自然と人材は集まってきます。

ここでは指導者として必要な資質について記したいと思います。

指導の原点はママさんバレー

私の指導の原点はママさんバレーなのかもしれません。バレーボールを教える面白さを知ったのもママさんバレーでした。褒めて乗せるという話術、声かけがうまいことに気づき、自分は指導者に向いているかもしれないと思ったのもママさんバレーでした。

このエピソードは余談ではあるのですが、私の本質をついたエピソードであるのかもしれません。私の指導の原点がここにあるのだと思います。

私が初めてバレーボールの指導をしたのは大学1年生のときでした。日本体育大学（日体大）には昔からママさんバレーの指導のアルバイトがあって、私は率先してコーチを引き受けていました。生活費を稼ぐためというのもありましたが、単純にバレーボールを教えるのが好きだったからです。

一切試合をしないというルールがあって、練習会のみを行います。いわばバレーボールの個人塾のようなもので、バレーボールがうまくなりたい人だけが集まるのです。今も日体大には、ママさんバレーの練習会のアルバイトは引き継がれているはずです。私が指導していた当時は、新宿体育館で私と4人のママさんたちだけでした。

50歳とか60歳からバレーボールを始めた人にパスから教える、それが面白かったのです。どうすればうまくなるのだろうかと考えて指導する。何がためになったかというと、ママさんたちは筋力がなく、非力なわけです。そんな人にオーバーハンドパスを飛ばす技術を教えるのは難しい。スパイクもそうで、ネットを越えるジャンプ力がありません。やりすぎたら肉離れをするのですから、バランスが難しく、技術指導の力量が問われるわけです。

ボールに親しむことからスタートし、基礎的な体操でバランス感覚を養ったり、何度も反復練習をしたりして基礎技術を浸透させました。特に苦労したのがサーブレシーブ。サーブレシーブはバレーボールの最低条件です。サーブレシーブで崩されると試合になりません。決定力よりもサーブレシーブの確実さが必要となります。

高校生もママさんバレーもそうですが、レシーブを手で運ぼうとする選手が多くいます。これでは失敗します。膝を使って、体全体でボールを送り出すことが大切です。来たボールに対して、ただ当てただけでは勢いが死んでいませんから、直線的にネットまでバーンと返ってしまいます。「当てるのではなく、いったんボールの勢いを止めて、腕にボールを乗せて、そこから体全体でボールをコントロールして送り出すといった感じ」と説明することもあれば、「両腕は一枚の板のようになっていなければいけないけど、コントロールして、餅つきの餅のようにボールの力を殺すことができればベストです」「自らの腕でボールの勢いを殺し、自らの腕を離れるときは再びボールに生命を吹き込みましょう」などと言葉を変えながら、できるだけ分かりやすくアドバイスをしていました。

言葉というのは、相手に通じて初めて意味を持ちます。いくら指導書に載っているような言葉を並べたところで、相手の心に響かなければ意味がありません。では、どうすれば相手に届くのでしょうか。それは指導する側が使命感を持つことです。それがなければ、どんな言葉をかけても相手には通じません。また、言葉を受け取る側も、心のスイッチが入っていないと体に染み込みません。

私が教えていたママさんたちは「うまくなりたい」との思いが強かったので、私が発する一言、一言を真剣に聞いてくれました。熱量があるから質問もたくさんされました。「昼ごはんを食べさせてあげるから」とランチを食べながら質問攻めにされることもしばしばでした。その質問に対し、「こうすれば、うまくなります」と答えるために考えます。その繰り返しが、私の指導思考を向上させてくれました。

基礎技術を正確に身につけることができるようになったら、適性によってポジションを決めます。この人はレシーバー向き、セッター、アタッカー向きと、それぞれがどのポジションに向いているか判断します。もちろん本人の意思を尊重し、その上で、それぞれの個性をさらに磨いていきます。ポジションごとに分けて、さらには技術習得度によって初級、中級、上級とクラス分けして指導するまでになりました。私が大学3生年のころには参加者が新宿体育館で約50人にまで増え、4年生のときには駒沢体育館で毎週水曜日に約100人のママさんたちを教えていました。

練習会に来るようなママさんは、本当にバレーボールが好きで、うまくなりたいという向上心のある方ばかりだったので、教える方も居心地が良かったです。寮まで車で送り迎えをしてくれたり、試合のときは差し入れしてくれたりして、すごく嬉しかったことを覚えています。今でも春の高校バレーなど東京で試合があるときは応援に来てくれるのですから、感謝しかありません。

笑い話ですが、そのころの私は結構な高給取りでした。大学2年生までにほとんどの単位を取っていたので、空き時間はほとんどママさんバレーの指導。一緒に指導を手伝ってくれた後輩を、よく焼き鳥や寿司店に連れて行っていましたからね…。

この原体験があって、指導者としての道がスタートしたのかもしれません。

成功の哲学とは、気持ちの持ち方

どのように成功をつかんだらいいのか、つかむべきなのか、そこに成功の哲学があることを忘れてはなりません。成功したとき、失敗したとき、そこでの気持ちの持ち方、身の処《しょ》し方が、次の成功、失敗につながります。そこに精神的な部分の重要性があると感じます。優勝したことで変なプライドを持ち、満足感に浸ってしまうなら、勝たない方が良かったと思うことがあります。しかし、やってきたことが実を結び自信が生まれ、この先の成長につながるのであれば、勝って良かったと思えるでしょう。

重要なのは勝った後の身の処し方、心の構え方です。そこを誤ると勝った意味がなくなります。敗れたときより勝利をつかんだときの方がおそらく身の処し方は難しいです。日本一に一度なったとしても、まだ登らなければいけない山があるのだと心にとどめる必要があります。

人間は成功体験をすると、その成功が忘れられないものです。成功後は、何をやっても「こんなはずじゃない」「こんなはずじゃなかった」という思いが、自分の心の中でかけ巡るものです。これが「不満」の素となるのです。

成功した人ほど「不満」「満足できない」「納得がいかない」といった意識が生まれやすいものです。そのため、完璧を求めすぎると、うつ病になったり、場合によっては自殺に追い込まれたりすることがあるのです。

成功の哲学として「成功したことは早く忘れる」「失敗したことはずっと忘れない」という考え方をすることが大切です。そして栄光を手にした後の気持ちの持ち方は、主体的であるかどうかで変わってくるのです。

欲を捨てること

人生を歩む上で人は誰でも目標を立てて、行動設定をします。目標の設定は悪いことではありません。チームスポーツにおいて、着地点を明確に共有することは大事です。ただ、目標が高ければ高いほどプレッシャーになるのも事実です。

「欲に呑《の》まれる」という表現がありますが、目標の高さと欲の大きさは比例します。目標設定が高すぎて、欲深い人は、周りが見えなくなるものです。また、プレッシャーが大きくなれば緊張して体と心が硬くなってしまいます。

これでは当然、良い成果は出ません。周りが良く見えてリラックスした体の状態をつくるには、欲を捨てる必要があります。

極論ですが目標は立てないことです。目の前に起きた出来事に対して、常に全力で対処できるのがベストな考え方だと思っています。

なぜなら、人間の心理として、目標を達成して欲が満たされると満足してしまいます。もうお腹がいっぱいになり、他の道を選びたくなるものです。また、目標が大きすぎると、挫折したときに頑張ることができなくなります。

また、欲のパワーを長期間継続する難しさもあります。物事に対して毎回、成功や目標達成して欲が常に満たされることはありえないと思っています。欲のパワーは成功しても失敗しても、継続して頑張る道を歩むことは難しいのです。

良い考え方としては、成功したら自信にする。失敗したらバネにする。これが成功の方法なのです。

成功の方法として、毎日が最高新記録を狙うという生き方が成功者への道だと思っています。人は成功すると過信して天狗《てんぐ》になる。まさに成功を毒にしてしまうのです。成功しても、失敗しても自分にとっての薬（人生の教訓）にすることがベストの考え方なのです。この哲学によって、「頑張る人になる、粘り強い人になる、諦めない人になる」と言えるのです。

高すぎる目標のデメリット

▼

- 高い目標に固執するあまり、周りがよく見えなくなる
- 目標が高すぎてプレッシャーが大きくなり、
  緊張して体と心が硬くなる
- 欲から目標を立てると、達成すれば
  満足してしまい、次につながらず、
  挫折したときに立ち直りにくい

成功の方法

▼

- あえて目標を立てず目の前のことに全力を尽くす
- 成功しても、失敗しても人生の教訓とする

才能を見抜く審美眼

Vリーグを目指すような選手は、体の大きさ、ジャンプ力、パワーなど、身体能力がある程度のレベルにないと上では通用しません。まずは、どの指導者もそこを見るのでしょう。ただ私の場合は、ミドルブロッカーにはある程度の大きさは求めますが、それ以外のポジションはあまりこだわりません。

私が注目するのは、ミスをしない選手。つまり巧緻性の高い選手です。なぜなら、バレーボールという競技はミスが相手の得点になるからです。無回転や変化球に対してのレシーブがバレーボールで一番難しいのですが、手の出し方の微妙なコントロールができないと返球できません。ドライブがかかったようなボールが来たとき、そのまま当てたら絶対に回転がかかっている方向に弾いてしまいます。そのときは、ボールが当たる瞬間に腕を一瞬引かなければいけません。これができる選手には、才能を感じます。技術を習得するには、コツをつかむまで練習するしかありません。

ここまでは、身体的、あるいは技術的に欠かせない要素を挙げましたが、選手にとって本当に重要なのは観察力だと思っています。ジャンプ力がある、スピードがある、スパイクがうまい、それだけではダメで、それらの武器を使う思考力、相手を観察する力を持っていないといけません。

バレーボールは6対6のスポーツです。ネットを挟んで両チームが対面します。私は選手に、相手のローテーションを見て、どこをターゲットにするのかを考える目のつけどころを教えます。そして、選手が自分の一番の武器を出せるポイントを見つけたときに、自らを輝かせることができるのです。それができるのが心・技・体・知のある選手なのです。

成長を引き出す観察力

選手を育てるという点において、私は大変だとか苦労だとは感じていません。むしろ楽しみの方が大きいです。レシーブ力を成長させるためには、やはりレシーブ練習をやらないとうまくはなりません。しかし、その中で伸びる選手とそうでない選手がいて、そこに育てることの面白さ、楽しさがあると思います。伸びる選手は、試合も練習も高い本気度で臨みます。

伸びる選手は、バレーボールが好きで、好きでたまらないのだと思います。研究熱心で、指導者の一言、一言を聞き逃さない。寝ても覚めても、少しでもバレーボールがうまくなろうと考えている選手、うまい選手のプレーを盗もうと思う選手は、必ず成長します。

あとはやはり素直なことです。監督だけでなく、コーチや先輩などの意見を聞けることが、その才能を伸ばしていく上で欠かせないと思います。

長岡望悠（久光スプリングス）や鍋谷友理枝（ＰＦＵブルーキャッツ）はその典型でした。長岡は器用な選手ではありませんでしたが、努力によってＶリーグや日本代表でも点を取れる選手になりました。鍋谷もフィジカルを年齢と共に高めて、スピードとテクニックという武器を磨いていきました。彼女たちは、素直で人の意見を良く聞き、本気でバレーボールに向き合う姿勢も他を圧倒していました。また、バレーボールがうまくなりたいというハングリーさもありました。

個々の才能に違いはあるにせよ、それをいかに伸ばしていくかは、その選手の向上心次第だと思います。我々指導者に必要なのは練習したくなる指導であり、努力する真摯な姿勢を常に見続け、タイミングを見計らって背中を押してあげることです。そのタイミングとは、ある程度の結果を出す直前でなければいけません。努力している過程では褒めても効果はありません。

それでは、努力の過程で満足してしまうからです。

褒め方は、ミーティング中にみんなの前で伝えることもあれば、練習中に個人的にボソリと直接伝えることもあります。仲間を通じて間接的に褒めるやり方もあります。いろいろな段階を踏んでちょうどいいタイミングで褒めるのです。悪い部分を指摘することは簡単ですが、褒めることは難しいです。それぞれの良さに気づき、褒めるためにはつぶさに観察することが大事なのです。

指導者に必要なものは「練習をしたくなる指導であり、努力する真摯な姿勢を見続け、タイミングを見計らって背中を押してあげる」ことだ

育成に欠かせない人間力

我々、高校スポーツの指導者は、学校教育と並行してスポーツを通し、競技以外のところにも目を配っていかなければいけません。そこには個人としての能力を伸ばすと同時に、チーム力を伸ばす要素があるからです。そのためには、組織として、人として守るべき原則があり、それがチームの勝利の大きな鍵となります。

スポーツにルールがあるように、生活の中、特に学校生活や寮生活の中にもルールがあります。人間力とは、まずそのルールをきっちり守り、責任感を持って役割を徹底することから始まります。

一見、人間力はプレーそのものとは関係がないように思えますが、実はそうではありません。心技体のバランスが大事だとよく言われますが、肝心の心がしっかりしてこそ技や体が輝くのだと思います。

最初から人間力のある子なんていません。そして、人間力というものは自然と身につくものではありません。指導者がしっかりと意識して指導しなければ、絶対に養うことはできない力なのです。

人の言うことを素直に聞ける選手はすくすくと成長していきます。良い選手になればなるほど、礼儀作法がしっかりしているし、人として隙《すき》がありません。

私は選手に「生活の乱れは心の乱れ」とよく言いますが、身辺の整理整頓がきちんとできている人というのは、心の中もきちんと筋が通っています。心の中に筋が通っている子どもは、誘惑に負けることもなく、自分の目標に進んでいけます。

個の人間力は、組織になっても生かされます。組織で何かを成し遂げようとしたとき、個人個人が身の回りのことをしっかり整えられ、丁寧さと正確性を身につけることができていれば、結束力も伴うと考えています。個々の人間力が高ければ、チーム力も高まるのです。

もちろん、チーム内で個々の身辺の整理整頓が徹底できず、どこか乱れた雰囲気が漂うような年もあります。そんな年は、やはり大会での成績も良くありませんでした。日本一になるような年は、細かい部分にまで配慮が行き届き、人間力の高い選手が

チームの勝利につながる人間力

▼

ルールをしっかり守れる

＝

責任感を持ち、役割を徹底できる

素直に意見を聞ける

＝

成長がスムーズで吸収力も高い

身辺の整理整頓ができる

＝

心の中で筋が通っている

↓

**個々の人間力が高まることにより
結束力が伴いチームの勝利につながる**

チーム内に自然と増えていくものです。私は選手に「100円のジュースは99円では絶対に買えない。1円を大切にすることが勝利を呼び込む」と教えます。勝利の女神に勝つべくして勝ったと思われるような人間、チームでなくては勝てません。

最終的にはオセロゲームのようにひっくり返し、1枚差で勝てるチームづくりを目指すことが大切なのです。

ポテンシャルを引き出す言葉の力

長年選手を指導してきた中で、私は、よくミーティングをしました。そこでは、試合の目的、試合への心構え、勝つための条件、相手の特徴や弱点などを伝えます。

そのときにうまく言葉を伝えることができれば、選手たちの意欲を最大限に引き出すことができます。ただ、指導者の語彙《ごい》力や表現力がなければ、選手が持つポテンシャルを少ししか引き出すことができません。インプット力よりアウトプット力、落とし込み力が必要なのです。

また、選手たちの反応を見ながら話さないと、指導者の言ったことを自分では何も考えずに全て受け入れ、鵜呑《う》みにしてしまうケースが生じる場合もあります。すると、選手自身で考える――、指導者の考えをより良くしていくプラスアルファの部分がなくなってしまいます。そういうことがないように、なるべく選手たちの受け止め方を把握した上で話をするようにしています。

大切なのは、状況やタイミングを見極めることです。特にスポーツの指導現場では、どういうタイミングで、どういう言葉を投げかければ選手たちのやる気を引き出せるかを把握していなければいけません。自分目線で自分の言いたいことを話すのではなく、相手の目線になって話すことが必要です。そのどちらかが欠けても意味をなさないのです。

例えば、春の高校バレーに出場したとき、初戦は初戦で言うべき言葉があり、2回戦、3回戦に進めば、その時々で言うべき言葉があります。決勝前夜となれば、雰囲気も言葉も変わるだろうし、声質を変えることも必要なときだってあります。私は「最高の気持ちと気迫とプレーで明日はぶつかれ！　自分が大好きなバレーボールに本当に青春をかけていると自覚して戦ってほしい」と伝えます。

　敗戦後に選手のミスを罵倒する指導者もいますが、試合直後は感情的になっていて冷静に敗因を分析するのは簡単ではありません。私は負けたら、まずは勝たせることができなかったことを詫び、2〜3日経って冷静になってから敗因分析を説明します。その方が心に言葉が残ります。負けた直後の感情的な言葉は、選手との信頼関係を壊す可能性があり、言わなくていいことをどうして言ってしまったのだろうと後悔することがあります。

　また、指導者は長々と話をするだけでは務まりません。バレーボールはタイムアウトを取れますが、わずか30秒で簡潔に的確に指示を出さないといけません。そのときに必要なのがキーワードです。一連の流れを一言で表して、何をどのように修正したいのかを瞬時に伝える力が必要です。

　私は試合中にキーワードを書いたホワイトボードを選手に見せます。「最高新記録」「工夫」「打ち方」など、それだけを見た人には意味が分からないと思いますが、私と選手の間では合言葉のようなものなので、すぐに伝わります。

言葉の力は侮れません。話し方や聞き方1つとっても、その効果がプラスにもなればマイナスになることもあります。話す方法は人によって違うでしょうが、共通するのは選手をやる気にさせるために話すことです。名指導者というのは言葉のマジックが巧みなのだと思います。

選手であれ、指導者であれ、聞く耳を持っていることは重要です。これまでの経験でいうと、指導者の言葉を肯定的に捉える選手は伸びます。反対に、否定的に捉える選手は、どれだけ才能があっても、早い段階で自ら結論を下して諦めてしまうことがあります。言葉を受け取る側が肯定と否定のどちらで捉えるか、そこも大きなポイントです。そして、聞きたくなるか否かで、指導者の力量もためされます。指導者の声かけによって、選手の出来、不出来が出てきてしまうのです。指導者は、常に正しい言葉で選手を導かないといけないのです。

「体を動かすのは心」ということ

バレーボールはメンタルが大きく影響するスポーツだと常々思っています。大舞台で結果を出せる選手と、出せない選手に分かれるのは間違いなくメンタルの差です。

では、そのメンタルは鍛えられるものなのかと問われれば、私は、鍛えられると答えます。高校を卒業するまで、脳が柔軟なうちに自分で自分の気持ちを動かせる術を身につけさせることが重要。なぜなら、大人になってからでは素直さ、吸収力、受け入れる心が少なくなると思うからです。自分の考え方、気持ちの持ち方で変えられる部分もあるし、大舞台への慣れや場数を踏んで自然と身につく強さも必ずあります。メンタルの成長は、幼少期にどのような環境で育ったのか、どんな指導を受けたのかが大きく影響すると思います。

メンタルの重要性といったことを、自分で考えられる子どもなんていないと思います。だからこそ、指導者や保護者が正しい考え方を教えること、気持ちの強い子どもに育つような指導や教育を行っているかどうかはすごく大事ですし、子どもにとってそうした指導者との出会いが、のちの競技人生に大きく影響するものです。

指導者は、「依存心、依頼心は最大の敵。どんなに能力があっても、最終的に自立しないと強くなれない」ということを本気で教えなければいけないのです。

そう考えると、自分に自信を持てる武器を備えることも、メンタルを鍛える方法の1つかもしれません。自分にはこれがあると思えるものがあれば、人は強い気持ちでいられるからです。スポーツでも音楽でも、暗記力や語学力でもいいし、バレーボール選手ならサーブやブロックといったプレーでもいいでしょう。『これ』という武器を持てるようになると、人はそれを自信にして力強く進んでいけるのです。

心構えを整え、高みを目指す

選手の心構えを変えることができるかどうかは、指導者の手腕です。正しい考え方と正しい練習をすれば壁を突き破るときが必ずきます。それで何か1つでも成功した選手は、自信をつかむきっかけになります。その基本は、自信を持てない選手の心を変えることだと思います。心構えが変わり、目的意識がより高くなると、次の成長へつながっていきます。心の変化が成長を促すのは、どの分野でも同じことだと思います。

では、どうすれば心構えを整えられるのか。やり方はそれぞれの人格に関係してくるものですが、練習におけるチームメートとの競争や助け合い、日常生活での倫理観や道徳観、それら全てが、心を鍛えることへとつながっていくように思います。例えば、親元を離れて、仲間と共に頑張る寮生活も重要な要素の1つです。

また、コートを離れたときに、社会のルールをきっちりと守ることも大切です。その姿勢は、バレーボールをやるときにも必ず表れるものです。試合でチームの約束事を守ったり、狙うべきところを狙ったり、日常生活で当たり前のことをしっかりと丁寧に正確に継続する姿勢は、プレーにも大きく影響を及ぼします。

バレーボールは一生懸命するけれど、コートから離れたら自由奔放にしてしまう。そういう心構えでいたら、決して心は整いません。日常生活の中でも「昨日より今日」という意識で、より高みを目指すべきなのです。

技術面は1回の成功で飛躍的に成長するものではなく、あくまでも段階的に向上するものです。ただ、精神面は1つ何かのきっかけをつかむだけで、一気に開花する可能性があります。

変わるのは本当に一瞬の出来事です。継続して頑張ることで、何かのタイミングで成長するときが必ずくるのです。

選手にステップを踏ませる、選手と監督の信頼関係

厳しく指導できるのは、選手に対して愛情と優しさがあるからこそです。それがあるから選手は厳しいことを言われてもふてくされず、素直にそれを受け止めて成長していこうという気になるのです。

監督は気づいたことを言わなければいけません。プロでは、監督に何も言われなかった選手が1年でクビになることがあります。それが現実です。高校年代であれば「今のは良い」「悪いことである」とはっきり言わなければいけません。そう伝えることは、

それだけ選手に期待しているという表れなのです。最終的には短所と向き合えることが大事なのです。

選手は、感じたことを伝えて、相手の意見を聞く経験を重ねていくことで、コミュニケーション力が高まり、精神的にもタフになっていきます。しかし、選手の精神的タフさは個人差があります。選手の精神的な強さと関連がある器の大きさにも個人差があります。指導者は、まず選手たちの器を見極めなければいけません。人にはそれぞれの器の大きさがあり、同じ基準では当てはまらないからです。チームを背負えるような選手には大きな責任を負わせ、そうでない選手にはまずは自分の役割を果たすことを求めます。

これは目的意識が高い、低いというものではなく、その選手の器の大きさに合わせてステップを踏ませるためのものです。選手と監督の間に信頼関係を築き、選手に自覚と精神的な強さを持たせます。そして、強化を求める監督と、それに必死に応えようとする選手、その双方の力が1つとなって、選手それぞれが目に見える成長を遂げるのです。

器を見極めてそれぞれに合った
ステップを踏ませる

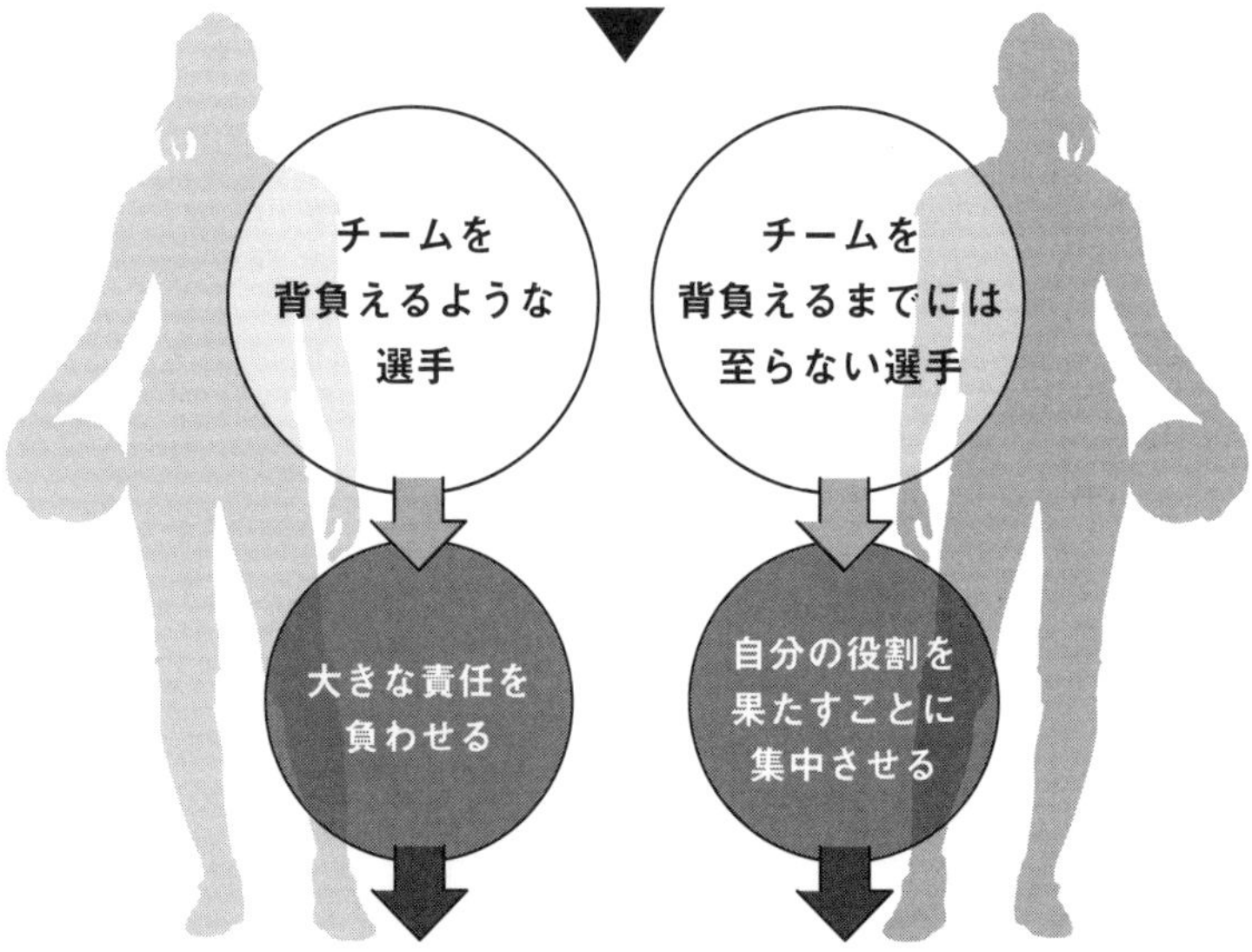
チームを
背負えるような
選手
チームを
背負えるまでには
至らない選手
大きな責任を
負わせる
自分の役割を
果たすことに
集中させる

ステップアップすることで
選手と指導者の間に信頼関係を築き、
選手に自覚と精神的な強さを持たせる

保護者との付き合い方

選手と監督との信頼関係があるように、指導者と保護者の関係性も重要です。近年は保護者との付き合い方に頭を悩ませている指導者が多いと聞きます。親は、自分の子どもの方ばかりに目がいくものです。それは仕方がないことかもしれませんが、指導者はそのことを念頭に置いておかないといけません。コミュニケーションを取ることは大切ですが、しっかりと一線を引いておけばトラブルの原因は無くなるのです。

東龍の場合は、入学する前にチームの方針や、その過程で起こり得るさまざまなことを説明します。そして、保護者との食事会や飲み会などには参加しません。個人的な付き合いは一切なく、全員平等に付き合います。寄付や販売などのお金集めもしません。自分自身でやれることをやる。どうしてもというときだけ頼みごとをします。

他にも練習をオープンにして、いつでも保護者が見学できるようにしています。子どもと会話することもできますが、甘やかすのはダメです。そして、遠方で子どもに会いに来られない保護者への配慮もしています。

年齢を重ね、保護者との付き合い方は徐々に変わってきました。指導者になりたてのころは、私も若かったし、保護者の方から教えてもらうことの方が多くありました。それから10年、世代が同じくらいになり、関係も対等になりました。今では選手や保護者に対して丁度いい距離感を保てるようになっています。

進路指導は熱量を持って

進路指導は、監督として最も重要視している仕事の1つです。東龍には将来の夢を抱いている選手が多いのですが、私はそのそれぞれの夢を叶えてあげたいと思っています。高校3年間における選手たちの目標は、己の技術向上やチームとしての優勝などがありますが、いくらバレーボールで実績を挙げても、進路が決まらなければ将来が不安になります。進路が決まって初めて、私も選手もある程度の満足が得られるものです。ですので、レギュラーであっても、メンバー外であっても、それぞれの希望進路を100パーセント叶えているつもりです。

ただ、時代の流れと共に状況も変わります。世の中の経済状況にもかなり左右されます。景気が良かったときのVリーグのチームは、クラブの母体企業に余裕があり、高校卒選手獲得にも余裕がありました。でも、今はクラブが抱える選手の人数制限があり、若い選手を育てる余裕がなくなっています。

その時々によって事情は違いますが、いつの時代もやはり重要なのは、本人の希望であり、保護者の希望になってきます。指導者としてそういうものを考慮しながら、大学や学部をアドバイスしなければなりません。Vリーグに行きたいのなら、その選手のポテンシャルや性格などを判断して勧めます。

毎年3月に新2年生もしくは新3年生の進路相談の場を設けて、話し合いをします。春の高校バレーで優勝した年は、大きな実績になるので大学への推薦も取りやすいです。ただ、2020年のようにインターハイや国体、さらには九州大会が中止になると実績が積めず、難しい状況になります。それでも、その子の人生を預かっているのですから、こちらも熱量を持って最後まで面倒をみます。

選手の力量を教えるのも指導者の仕事

現役の選手だったころから自分が天才だと思ったことは一度もありません。周りには、すごい選手が大勢いました。でも、周りは私を評価してくれ、大学4年時に、春秋の関東大学1部リーグや全日本インカレなどでレシーブ賞を取り、そのインカレでは日本一も経験しました。Vリーグの5チームから声もかかりましたが、一方で、現日本代表の石川祐希（パワーバレー・ミラノ＝イタリア）や西田有志（ジェイテクトSTINGS）みたいな選手ではないことは分かっていました。身長が190cm以上あって、最高到達点が3m50cmあれば選手として世界で戦うことを考えましたが、中学3年生から身長は変わりません。熱量と気持ちの強さでは誰にも負けない自信はありましたが、選手としては限界を感じていたので、富士フイルムの井原文之監督（当時）の紹介で香川県の高松へと渡りました。

私には娘が1人います。彼女は幼いころから卓球をしていて青森山田高校、日体大に進み、大学4年生のときにインカレで準優勝しました。大学卒業後に上のカテゴリーでプレーするのか、他の道を選ぶのか少し迷ったようですが、本人も自分の力量は分かっていたと思います。競技は違いますが、私は上のカテゴリーでプレーを続ける難しさを知っていたので、無責任な後押しはしませんでした。「自分の人生だから、自分がやりたいことをやってみたら」と言いました。その後、娘はヨガのインストラクターの資格を取って、今は旦那と一緒に卓球を教えています。

選手の進路については前述したように、保護者のアドバイスや我々のアドバイスも必要ですが、最終的に決めるのは自分自身です。ただし、Vリーグに行きたいのなら、活躍できる選手には勧めますが、それ以外の選手には積極的には勧めません。実力というのは周りが決めることですから、もし自分の力を見誤っている場合は、正直に言ってあげます。

数々のタイトルを獲得し、常勝・東龍の礎を築いた著者。選手に自らの力量をしっかりと教えることも重要な指導の1つだと話す（写真は2017年に宮城県で開催された全国高校総体）

第4章

バレーボール、そして指導者としての源流を探る

負けん気の強い野球少年

私の指導者人生を語る上で、幼少期からの出来事、思い出が大きな影響を与えていることは間違いありません。人との出会いの大切さ、恩義や感謝、ハングリー精神、自立心など、全ては経験から学んだことばかりです。そんな幼少期から社会人になるまでの過程を振り返りたいと思います。

私は、東京の品川の寿司店の次男として１９６８年に生まれました。下町風情の残っている場所でした。両親と2歳上の兄の他、オヤジの兄弟も店を手伝っていたので賑やかな大家族で育ち、幼いころから手伝いをしていました。

幼少期の思い出は、店の手伝いと少年野球です。私たちの時代は野球の全盛期でほとんどの男子は野球をしていました。私も2歳上の兄の影響で野球が大好きでした。ジャイアンツが練習している多摩川グラウンドに自転車に乗って行き、サインをもらったりしたのを覚えています。

私は体が大きく、運動神経も良い少年でした。小学6年生のときに174㎝あり、品川区の陸上記録会では100m走で優勝しました。野球でも品川区では少し名前の知れた選手でした。小学4年生のときからピッチャーをしていて、兄貴とバッテリーを組んでいました。しかし、5年生のときに事件が起こります。それまで私はエースで4番だったのですが、突然メンバーから外されたのです。誰がどう見ても私の方が実力は上だったのに…。私からエースの座を奪ったのが監督の子どもでした。「えこひいき」です。

それが許せなくて、「なぜ僕がメンバーから外されるんだ」と監督に立ち向かったら、次の日から練習に参加させてもらえず、外野で1人、ボール拾いをさせられました。自分が納得できないことがあれば、例え監督やコーチなど、立場が上の人であっても食い下がるのは、このころから変わっていません。

ずっと練習に参加できずに干されていたときでした。叔父から「昇は何をやってんだ。練習もさせてもらえねえなら辞めてしまえ！」と言われ、グラウンドにボールを投げつけてその日に辞めました。もっと違う辞め方があっただろうと反省していますが、負けん気が強く、真っ直ぐな少年だったのでしょう。

反面教師となったオヤジ

店の手伝いは、小学2年のころから野球が休みのときや練習が終わった後に、ほとんど毎日していました。箸や皿をテーブルに並べ、お客さんにお茶を入れていました。店が忙しいときは皿洗いや出前の配達もしていました。幼いころから体は大きかったので、おかもちを持って出前に行くこともありました。

オヤジは職人気質の親分肌で、弟子には厳しかったけれど、子どもには優しかったです。豪快な人だったので、今思うと、財を成して人生が崩れたように思います。店が繁盛して2店舗目を五反田駅前の遊楽街に出し、生活が派手になってしまいました。

それまでは比較的、裕福な暮らしをしていましたが、徐々に店の経営状態が悪くなり、家庭内の雰囲気も悪くなったのを覚えています。オヤジのことは嫌いではなかったけれど、反面教師となったのは確かで私は倹約家になりました。酒は飲みますが、タバコは吸わないし、ギャンブルもしません。普段の生活は地味なものです。学校へは歩いて通うし、昼食は妻の手作り弁当です。

手伝いをしていたころに今でも忘れられない出来事がありました。雪の日に出前に行ったら、自転車を滑らせて、おかもちをひっくり返してしまいました。当然、中の寿司はぐちゃぐちゃで商品になりません。おそるおそる店に帰ったら、オヤジは一言だけ「気にするな」と言ってくれました。店の人たちにも「心配しなくていいよ」と優しい声をかけてもらったのですが、私は責任を感じて泣きました。

ミスの重大さに気づいていないのであれば失敗を責めることも必要だけど、大抵の場合、ミスをしたことは本人が一番分かっています。私は自分に厳しいところがあり、他人に対しても厳しく接することがあります。それでも最後は優しく接します。それは許すことで救われることを知っているからです。アメとムチではないけれど、必ずフォローは必要だし、やはり人間は優しく接した方が伸びます。そのことはあのときに身をもって知りました。

全てを受け入れてくれたオフクロ

小学5年生のときに両親が離婚したのを機に、私は店を手伝わなくなり、家を飛び出してオフクロが1人で住んでいた六畳一間のアパートに転がり込みました。この出来事が私の最初の大きな決断でした。

オフクロはスナックで働き、その後に和風カラオケのような居酒屋を経営することになるのですが、女手1つで家計は厳しかったはずです。それなのに家を飛び出した私を何も言わずに受け入れてくれました。自立した大人に早くなりたい、母親孝行をしたいと思うようになったのはこのころからです。

オヤジの寿司店とオフクロの店は歩いて5分くらいの場所にあったのですが、家を飛び出して以来、オヤジのところには帰っていません。

オフクロには感謝しかありません。私のことを全て受け入れてくれる人でした。家計は大変だったのに中学、高校、大学と私が進路を決めるとき、必ず「昇の好きなようにやりなさい」と背中を押してくれました。あの一言でどんなに勇気をもらったことか！

幼少期に厳しい環境で育ったことがハングリー精神へとつながったのは確かです。このような特殊な環境で育ったことが、のちに良い経験だったと思えるようになったのですが、当時はそんな余裕はなく、とにかく自分の道は自分で切り開かなければいけないと思っていました。

恩師との出会いでバレーボールに人生をかけた

バレーボールを始めたのは中学入学がきっかけでした。品川区立荏原第二中学のバレーボール部は全国で上位を争うほど強く、私が入学する前年に全国3位になりました。別々に生活していた兄貴が中学からバレーボールを始めたこともあり、私も入部しました。

兄貴の1つ上の学年には現日本バレーボール協会会長・川合俊一さんの弟の庶《ちかし》さん

がいました。庶さんは私が初めて憧れた人でした。一番身近なヒーローで、庶さんのような選手になりたくて同じ高校、大学に進んだのだから筋金入りです。

バレーボール部に入り、そこで人生の恩師の1人、菊池実先生と出会いました。オヤジと離れて暮らす私にとって、菊池先生は父親のような存在でした。バレーボールの指導はとにかく厳しかったけれど、ご飯を食わせてくれたり、ケガをしたときは一緒に病院に行ってくれたり、家にトレーナーを呼んで治療にも付き合ってくれたりしました。私が父親の愛情に飢えていたことを知っていたのだと思います。家族のように寄り添ってくれ、私の将来のことを真剣に考えてくれた人でした。菊池先生は私が春の高校バレーで5連覇する直前に亡くなりました。5連覇の金メダルを川崎の自宅へお供えに行き、「先生のお陰です、ありがとうございました」とお参りをしたことを昨日のことのように覚えています。

菊池先生は名将として全国大会の賞歴があるだけでなく、教え子には日本バレーボール協会の元会長・木村憲治さんや嶋岡健治さん、川合俊一さんなど、そうそうたる人たちがいます。

そんな菊池先生が中学2年生のときに目黒区立第四中学に転勤することになりました。第四中学は全国大会に出るようなチームではなかったのですが、菊池先生の指導を受けたくて私は転校しました。今ではなかなか考えにくいことですが、中学2年生からアパートを借りて1人暮らしをし、自炊もして身の回りのことは全て自分でしていました。お金の工面をしてくれたオフクロのために、絶対にバレーボールで成功しなければいけないという強い思いがあったから必死でした。

周りのレベルは一気に低くなりましたが、自分はバレーボールで成り上がるしかないという思いは強く、もう後には引けませんでした。今でもゾッとするほど努力しました。毎日アパートから目黒不動尊という寺まで走って、階段を何往復もしました。片足ケンケンで下半身を強化したりして、トレーニング方法を自分で考え、とことん追い込みました。まるで『巨人の星』の世界でした。

その原動力はやはりハングリー精神。チームが勝てないのなら、圧倒的な存在感を示して、名を売るしかありません。全額免除の特待生でなければ高校に行けない家庭事情もあり必死でした。

現役を続けながら指導者へ

とにかく努力は惜しみませんでした。やれることは全てやったという自負はありません。朝練に昼休み、練習後の自主練は毎日欠かしたことがありませんでした。そのときできることに全力を尽くしました。努力は報われ、菊池先生のお力添えもあって中学3年時には全日本中学選抜メンバーに選ばれました。周りは全国大会で活躍するような選手ばかりで実績がないのは自分だけです。最初は不安しかありませんでしたが、一次合宿、二次合宿と進むにつれて人数が絞り込まれると同時に私の自信は深まりました。自分で考え、実践していたことが通用することが嬉しかったし、実力で自分の居場所をつくることができたと思います。

中学3年生の冬に全日本中学選抜の最後のメンバー12人に選ばれ、台湾に海外遠征に行きました。その海外遠征で初めて海外のチームと試合をして、ベストスパイカー賞を取ることができたのですが、上には上がいるなと感じました。

高校と大学はそれぞれ授業料が全額免除の特待生で受け入れてくれるところに進学しました。東洋高校では夜もアルバイトをしながら練習を頑張り、2年時に春の高校バレーに出場、日体大では4年時にインカレで日本一を経験しました。

大学卒業後は現役を続ける選択もありましたが、インカレで優勝したら教員を目指すと決めていました。ただ、やはり現役への未練もありました。

当時（1983年度から1987年度にかけて）日本リーグで5連覇を達成した富士フイルムの井原文之監督から熱心に誘われていました。人気も実力も備えた「グリーン軍団」。女性ファンが多く、高い人気を誇っていました。他にも数チームからオファーがあり悩みました。

心のどこかでまだ競技を続けたいという思があり、それは捨てきれなかったので、井原監督に「現役を続けながら教員もしたい」と相談しました。そうしたら2年後の1993年に「東四国国体を控えている香川県が、バレーボール競技成人6人制種目で香川教員クラブを強化チームに指定している。教員選手の強化、補強に力を注いでいるから推薦できるぞ」と言われ、すぐにお願いしました。

迷いはありませんでした。私は生まれ育った東京から離れて、知らない土地に行き、自分の力でゼロからスタートしたかったのです。「開拓者精神」に火がつきました。インカレが終わったのは12月だったので、もちろん教員採用試験は終わっていました。本採用は厳しかったけれど、翌年の4月から国体強化の指導員として臨時採用となり香川教員クラブ所属でプレーすることになりました。大学卒業後の1年間は教員クラブで練習し、教員試験の勉強をしました。2年目は教員に採用され、体育コースのある香川県立高松北高校に赴任することになりました。

指導1、2年目の三重苦

教員として高校の部活動を指導するようになったのは1992年の4月からです。赴任した高松北高校には体育コースがあり、強化できる下地はあったのですが、当時はバレーボールに力を入れておらず、香川県大会では1回戦負けするようなチームでした。ただし、まっさらな状態で指導者をしたかった私にとっては、希望通りのスタートでした。

高松北高校では男子の監督として指導者をスタートしました。1993年の東四国国体が終わった翌年の4月からは、女子の監督も兼任しました。進学校なので練習時間は限られていましたし、体育館は他の部も使うので2日に一度しか使えないような状況でした。

そのころの練習はというと、7時間目まで授業があるためスタートは16時半。対人練習を短時間で行い、17時から18時は男子のネットの高さにしてスパイク練習。後衛を女子が守ってレシーブ練習をします。18時から19時は男子と女子を入れ替えます。さらに時間がないときは男女一緒にスパイク練習をしなければいけないため、苦肉の策でネットを斜めにかけて、高い方を男子、低い方を女子が使っていたこともありました。体育館の使えない日は町民体育館を借りたり、学校の坂の上からボールを打って、レシーブ練習をしたりしました。時間の制約、場所の制約、公立ゆえにお金にも制約があって、「三重苦」でした。

朝は割と自由に体育館が使えたので朝練はほぼ毎日しました。私の熱量についていけなくなったのは男子で、次第に部員は減り、廃部となりました。女子は勝ちたいという意欲があり、向上心もありました。女子の専任監督になってからは本格的に全国大会を目指しました。

今でも指導していて思うのですが、教える側と教わる側の熱量が同じになるのは難しいことです。教える側に熱量と指導力があっても、選手側のパフォーマンスやスキルが低ければ、レベルを引き上げるのは難しい。それは逆も然り。私が、運が良かったと思うのは、初めて高校3冠を取ったときも、春の高校バレーで5連覇したときも、同じ熱量でバレーボールに向き合える選手に出会えたことです。

それは巡り合わせであり、タイミングであり、縁でもあります。東京オリンピックで一高校の指導者をコーチに引き上げてくれたときもそうで、中田久美さん（元女子日本代表監督）や鳥羽賢二強化本部長（現・大阪成蹊大学教授）とのつながりがなければ成り立たなかったことです。だから縁というのは大切にしなければいけないと思います。

今も続く中学の指導者との関係性

女子の専任監督となり本気で全国大会を目指したのは1994年。このころからバレーボール部の強化が本格的になりました。とはいってもスポーツ推薦でバレーボール枠は3つしかありません。推薦枠でスペシャルな選手を取りたかったので、県内の有望な選手や背の高い選手がいると聞けば会いに行きましたし、一般入試を受けに来てもらえないかとお願いすることもありました。

さらに、自前で選手を育てようと思い、近隣の小学生や前述の声をかけた中学生を集めて合同練習会をしました。クラブ活動のようなものです。週に何度か部活動が終わった後に、基礎練習から学校の部活では教えてくれないような実戦で使える練習をしました。相原ジュニアではないのですが、その子たちが高校生になったときに高松北高校に来てもらえるような指導をしました。

わずか3人のバレーボール推薦枠をどうするべきか悩んでいたときに、声をかけてくれたのが香川第一中学の長曽絹代先生でした。あの出来事は今も忘れられません。香川県の中学の女子バレーボールは全国でも勝てるチームが多く、その年の全中（全日本中学バレーボール選手権大会）で3位になったのが香川第一中学でした。当時の香川県の中学のトップ選手は、岡山県の強豪校・就実高校に行く子が多かったのですが、長曽先生は「相原さんがしっかりと指導して、面倒を見てくれるなら選手を預けたい」と言ってくださいました。地元で全国トップを目指す高校があるからと選手に勧めてくれたのです。実は今でも長曽先生との関係は深く、東龍には、これまで多くの長曽先生の教え子が来てくれています。

高校バレーボールの指導者の大きな仕事の1つに、優れた才能を見つけ出してチームに連れて来ることがあります。それにはやはり人脈、ネットワークが必要です。幸い私は、バレーボール指導者が多い香川教員クラブでプレーしたことで、関係が深まりました。おかげで、多くの教員チームの仲間が、有望な選手がいた場合に高松北高校を勧めてくれるようになりました。

やる気がみなぎっていた20代

私が監督として初めて全国大会に出たのは、1995年の山口県徳山市で開催されたインターハイでした。全中で3位になった1年生3人と3年生3人でチームを構成しました。いくら中学時代に全国レベルであったとしても、高校ですぐに活躍するのは簡単ではありません。エースとエース対角が共に160cmでミドルブロッカーも170cm、セッターは158cm。全員身長が低く、よく勝ったなという試合が多かったです。「高さとパワーで負けてもスピードと技術で勝つ」「攻撃で負けても守備で勝つ」、そんなバレーボールをしました。県大会で優勝して、あのときほど喜んだのは後にも先にもありません。全国大会出場の目標が達成でき、本当に嬉しかったのを覚えています。

インターハイに出場したことで、周囲の評価が上がり、スカウトがしやすくなったのは事実です。香川第一中学が全中で3位になって、次の年に大川中学も全中で3位となり、そのメンバーから3人を高松北高校に呼ぶことができました。2年連続で全中3位のメンバーが3人ずつ入部してくれ、強化が実りました。1996年はインターハイでベスト8、翌年は3位と結果を残すことができました。

あのころはやる気がみなぎっていました。若かったし、現役選手としてプレーしていたので、トスはもちろんサーブ、レシーブ、スパイク、全てのプレーを実際に自分が見本となって教えることができました。ハード面では、初めは賃貸アパートを合宿所にしていましたが、高校のすぐ近くに借金をして合宿所を建てました。とにかく、バレーボール一筋の時代でした。熱量は今も同じですが、練習量が圧倒的に多かったです。自分も一緒になってプレーできたからなおさらだったと思います。まさしく「俺について来い」という威圧的な指導でした。

今ならもっとコンパクトに練習をまとめ、選手の話を聞きながらアイスブレイクし、的確に狙いを落とし込めると思います。ただ、若いころに楽をしていたら今の自分はないでしょう。失敗と成功を繰り返し、諦めずに自分のスタイルも求め続けた結果が、引き出しの多さ、考え方の深さにつながっています。決して無駄な時間ではありませんでした。山口インターハイのときは27歳で、現在は54歳。若いころは圧倒的な熱量でしたが、今日《こんにち》の私は、熱量・指導力・哲学、そして経験値のバランスが良いと感じています。さらに良い指導者になれるように研鑽を積み重ねていく覚悟です。

バレーボールやスポーツの指導者（特に育成年代の指導者）は、競技の指導をすることがメインの仕事ではありますが、それが全てではないと思います。スポーツの指導者は選手（人間）を育てる職業です。選手の育成は『心、技、体、知』をバランス良く育てなければなりません。育成年代の指導者である私にとって、特に心を育てることの重要性が、とても大切なことはよく分かります。心を育てるとは、心を強く、たくましく育てることで、人間力を育てることです。結果的にスポーツ、そして人生の成功者となり、最終的には、幸せをつかむことにつながります。つまり、指導者の役目は、人を幸せに導くことと言い換えてもいいのかもしれません。

私は、こう言いたいと思います。人を幸せに導くことが、指導者の究極の役割ではないかと…。私自身ももちろんですが、指導者及びリーダーとなる方々全てが、人々を幸せに導いてくれることを心から祈念しております。

スポーツの指導者は選手（人間）を育てる職業です。
選手の育成は『心、技、体、知』をバランス良く育てなければなりません。
育成年代の指導者である私にとって、特に心を育てることの重要性が、
とても大切なことはよく分かります。心を育てるとは、心を強く、
たくましく育てることで、人間力を育てることです。
結果的にスポーツ、そして人生の成功者となり、最終的には、
幸せをつかむことにつながります。つまり、指導者の役目は、
人を幸せに導くことと言い換えてもいいのかもしれません。

東九州龍谷
扇城学園
10
8
9
東

おわりに

これまで私を支えてくれた人たちには、感謝しかありません。

まだ、道半ばではありますが、私のバレーボール人生は、とても恵まれていたと思います。それは、「周りの支え」があったからです。周囲のサポートが私のバレーボール人生、指導者人生を力強く後押ししてくれました。

長い間、バレーボールの指導に心血を注ぐことができ、今があるのはこの「周りの支え」があったからだと心から感謝しています。そこでの多くの出会いが、私を成長させてくれました。

今日までのバレーボール人生を短いフレーズで表現するならば、それは「自分史上最高を目指す戦い」であったと思います。そして結果は、選手時代は全日本大学選手権で優勝し、指導者になってからは幾度の日本一を経験できました。多くの成功体験を経て、世代別日本代表の監督として世界の頂点に立ち、自国開催となった東京オリンピックにコーチとして参加できたのは、周囲に支えられ、私が常に向上心を持ってバレーボールに向き合ってきたからでしょう。

私は指導者として、考えていることがあります。競技者としてもですが、人生の成功者となるためにも、第一に必要なことは、「審美眼」を身につけることだと思います。審美眼とは、正しい視点から、判断、行動、言動ができることです。人が行動する際には、必ず「観察、思考、判断、決断、実行」という流れで行動を起こします。最初の「観察」が大事で、物事に対する視点（目のつけどころ）の良さは磨くことができます。そこで私は常に2つのポイントを意識しています。

1つは、自分自身の目線で物事を考えるのではなく、常に相手目線で考えることです。自分の思いを一方的に伝えるのではなく、相手が何を求めているのかを察知できるように、頭の中のアンテナが正しく敏感に反応するように心掛けています。

もう1つは、欲を捨てること。人間は欲と妬《ねた》みの生き物です。しかし、欲の強い人は正しい目を持つことができません。

今も審美眼を養うための努力は惜しみません。そして、バレーボールの追求心は衰

観察・思考・判断・決断・実行

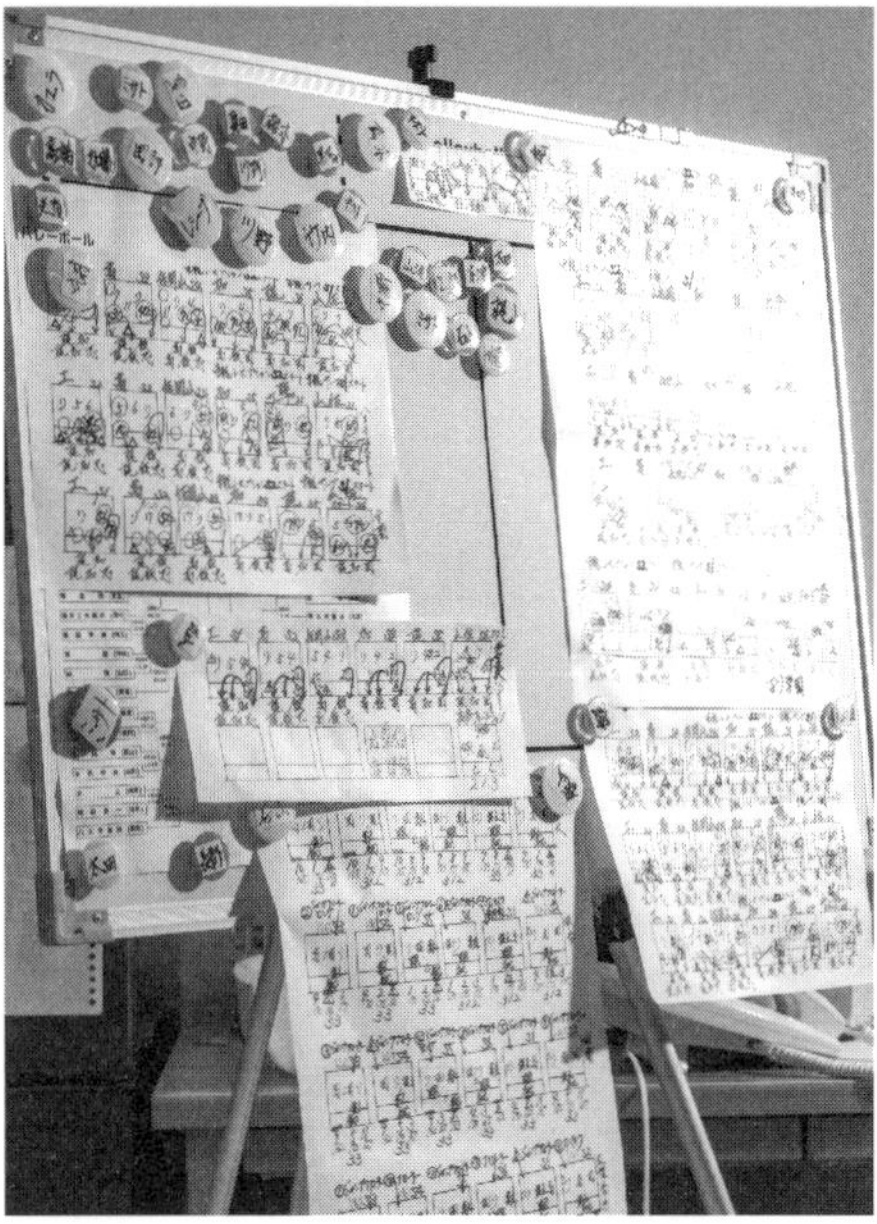

えることがありません。今も寸暇《すんか》を惜しんで、勝つための戦略を練り、選手が成長するためにはどんな練習が必要なのかを考えています。

私は、監督をするのが好きです。監督業は「天職」と思っています。これからも「天職」の監督業を楽しみ、いろいろなことを経験しながら自分史上最高を求めていきたいと思います。これから先はどうなるか分かりませんが、監督を続ける限り、その最高を目指していきます。そして「審美眼」をさらに磨き、相原らしいバレーボールを追求していきたいと思います。

2023年3月吉日　相原　昇

相原昇（あいはら・のぼる）

1968年7月2日生まれ、東京都出身。品川区立荏原第二中学でバレーボール部入部、バレーを本格的に始める。その後、バレーの強豪、東洋高校に進学し、キャプテンでエース兼セッターとして活躍。日本体育大学４年時に、全日本バレーボール大学選手権大会に出場し、男女アベック優勝を果たした。指導者としては、1995年から香川県立高松北高校で指導、春高バレーで1997年、2001年にベスト８、2003年にベスト４。インターハイは1997年にベスト４に進出。2004年春、東九州龍谷高校（東龍）の名将、故・大木正彦監督の誘いを受け、東龍バレーボール部のコーチに就任。2006年春から監督に就任。2008年から2012年まで春高バレーで５連覇を達成し、インターハイ、国体を合わせて12回の日本一に輝いた。2007年にユース代表監督。2008年にジュニア代表監督。2019年にジュニア代表監督、世界ジュニア選手権金メダル。同年、監督としてアジア女子選手権大会で金メダルを獲得（シニアカテゴリーの大会にU23メンバーで優勝）。2020年、全日本シニアコーチに就任（U19・U20監督兼任）。2021年に東龍バレーボール部の監督に復帰した。

CREDITS

特別協力
東九州龍谷高等学校

企画・構成
柚野 真也
冨久田 秀夫

デザイン
黄川田 洋志

写真
佐藤 俊彦

写真提供
東九州龍谷高等学校

編集
石田 英恒
中谷 希帆

熱《あつ》く冷静《れいせい》に、燃《も》えながら冷静《れいせい》に
高校《こうこう》バレーきっての智将《ちしょう》が明《あ》かす育成《いくせい》と組織術《そしきじゅつ》

2023年3月31日　第1版第1刷発行

著　者　相原《あいはら》 昇《のぼる》
発行人　池田哲雄
発行所　株式会社ベースボール・マガジン社
〒103-8482 東京都中央区日本橋浜町 2-61-9
TIE 浜町ビル
電　話　03-5643-3930（販売部）
03-5643-3885（出版部）
振替口座　00180-6-46620
https://www.bbm-japan.com/

印刷・製本　共同印刷株式会社

ISBN 978-4-583-11525-2 C2075